AMANDO A PROPÓSITO

MATERIAL PARA PADRES

Nueva Edicion con Nueva Sesiones

AMANDO A NUESTROS HIJOS A PROPÓSITO

PREPARANDO A NUESTROS HIJOS PARA EL REINO DE DIOS

MANUAL

DANNY SILK

LovingOnPurpose
www.lovingonpurpose.com

Este manual ha sido diseñado
para su utilización junto con el juego de DVD asociado
del material Amando a Nuestros Hijos a Propósito

Cover Graphics by Linda Lee
Interior Design and Formatting by Lorraine Box
Developed by Laurie Freeman
Outlined by Katie McIntyre

ISBN: 978-0-9888984-0-0

A no ser que se especifique otra cosa, las citas bíblicas están tomadas de la antigua versión de Casiodoro de Reina (1569), revisada por Cipriano de Valera (1602), revisión de 1960.

A la compañera de mi vida, Sheri,

a mis hijos y nietos

oro que nuestro techo de amor, honor y fe

sea su suelo

Laurie Freeman

gracias por tu amor y apoyo

a la hora de hacer de este proyecto un éxito

CONTENIDOS

"Es muy complicado promocionar el ministerio de Danny Silk sin parecer que tenga la necesidad de exagerar. No obstante, la verdad es que, en los círculos en los que me muevo, no tiene parangón. Su discernimiento le da acceso a los asuntos primarios que se han convertido en obstáculos para la paz y bendición de las relaciones; al mismo tiempo su sabiduría le capacita para que sea un "constructor de familias" y un "arquitecto de relaciones". Recomiendo de corazón a Danny y todos sus materiales para que te ayuden a alcanzar el cumplimiento de lo mejor de Dios para tu vida".

Bill Johnson
Líder Principal de la Iglesia Bethe

Si eres un padre, este material es para ti. Este manual tiene respuestas a muchas de tus preguntas cotidianas. Aunque no existe una fórmula para educar hijos libres de errores, hay esperanza de que puedas aprender a controlarte, sin importar qué elecciones o lecciones apliquen tus hijos a sus vidas. La paz y el poder, que provienen de hacer los ajustes apropiados cuando te enfrentas al error de tu hijo, son algo fenomenal. Si completas este material, vas a ver un gran avance tanto en tu propia paz como en las conexiones de amor que podrás crear con tu hijo.

Queremos proponerte que la libertad es una prioridad en el Cielo porque es lo que hace que sean posibles las relaciones de amor. La cultura del Cielo en lo concerniente a las relaciones es tremendamente diferente a casi todo lo que vemos en la Tierra, porque Dios, el Padre, está menos interesado en el sometimiento que en el amor. Por esta causa, está intentando prepararnos para que vivamos vidas absolutamente libres, en un entorno de opciones sin límites, más que guardarnos del pecado. Nos gustaría mostrarte cómo amar a tus propios hijos con esta meta en mente. Este es el corazón de Amando a Nuestros Hijos a Propósito.

Danny y Sheri

sesión
uno

Introducción

sesión

uno

INTRODUCCIÓN A AMANDO A NUESTROS HIJOS A PROPÓSITO

Amando a Nuestros Hijos a Propósito es un método para los padres que revela el corazón del Padre y ayudará a mostrarte cuál es la mejor forma de representarlo ante tus hijos. Todos hemos tenido experiencias con nuestros padres que moldean la forma en la que vemos y respondemos a nuestros hijos. Algunos hemos tenido grandes experiencias y otros no. Inconscientemente tenemos una plantilla interna a través de la que vemos a Dios y la proyectamos en la de nuestros hijos. Así es como las generaciones se influencian entre sí. Nos limitamos a introducir la mano en nuestra caja de herramientas y ofrecemos a nuestros hijos lo que tenemos.

TEMAS DE LA SESIÓN

Introducción

El Nuevo Pacto y el Corazón del Padre

Libertad y Elecciones

El Temor al Castigo

Conexión de Corazón a Corazón

Manteniendo tu Amor Encendido

Ingredientes Clave para Ser un Padre con Éxito

INTRODUCCIÓN

- Tu estilo como padre se basa en la forma en la que percibes tus experiencias y la plantilla que te ha sido dada.

- Cuando intentas ser poderoso en tu propio hogar y te encuentras con resistencia, normalmente echas mano de tu caja de herramientas y sacas lo que tus padres te dieron.

- Si no remplazas a propósito lo que se te dio cuando eras niño, entonces te lo descargas como si fuera lo normal, tu propia plantilla.

- Tu percepción del amor, la autoridad, el respeto, la obediencia, las metas como padre y la práctica de la relación te ha sido transferida antes de que tuvieras tiempo para entenderla.

"Eres el mejor padre que tu hijo pueda tener.
¡Nadie lo ama como tú!"

~ Sheri

¿Qué herramientas tienes en tu caja que te hayan sido transferidas?

¿Qué herramientas estás usando en estos momentos? ¿Cómo te están funcionando?

EL NUEVO PACTO Y EL CORAZÓN DEL PADRE

Isaías 59:21 (Traducción directa de la versión inglesa The Message) *"En lo que a mí respecta, dice Dios, este es mi pacto con ellos: Mi espíritu que he puesto sobre ti y las palabras que te he dado para que hables, no van a dejar tu boca ni las bocas de tus hijos ni la de tus nietos. Seguirás repitiendo estas palabras y nunca pararás. Órdenes de Dios"*

- *El corazón del Padre es que construyamos relaciones duraderas de generación en generación. Hay un cierto impulso en la forma en la que educamos a nuestros hijos.*

- *Creamos una cultura que nuestros hijos inculcarán a sus vidas y pasarán a sus propios hijos.*

- *Queremos establecer un fundamento sólido en el que el pacto de Dios puede ubicarse, y en el que nuestros hijos puedan decir, "Comprendo la diferencia entre amor y temor, libertad y control".*

Si doy a mis hijos libertad, respeto y honor en mi casa, propagarán una cultura que hará que todas las demás empalidezcan a su lado.

Jeremías 31:31-32 *"He aquí vienen días, dice Jehová, en los cuales haré nuevo pacto con la casa de Israel y con la casa de Judá. No como el pacto que hice con sus padres el día que tomé su mano para sacarlos de la tierra de Egipto; porque ellos invalidaron mi pacto, aunque fui yo un marido para ellos, dice Jehová".*

- *La transición al nuevo pacto es cuando pasamos de tener una relación externa con Dios a una interna.*

- *Ya no hay una fuerza exterior que intenta contro larme. Ahora lo que hay es una fuerza interna con la que me relaciono desde dentro hacia fuera.*

- *Un sistema de control externo dice, "Tomo decisiones basándome en: ¿Quién se va a enfadar conmigo? ¿Quién me va a castigar si traspaso la línea o si hago algo malo?".*

- *Un sistema de control interno dice, "Tomo decisiones basándome en: ¿Cómo me va a funcionar? Tengo decisiones que tomar y una calidad de vida que es mi responsabilidad cultivar. ¿Qué voy a hacer con esta oportunidad?".*

Haz una lista de los valores y las características que quieres cultivar en tu hogar.

Emplea un tiempo para preguntar al Señor qué está diciendo sobre el destino de tu/s hijo/s y haz una lista de palabras proféticas que hayan recibido.

LIBERTAD Y ELECCIONES

Génesis 2:9 *"Y Jehová Dios hizo nacer de la tierra todo árbol delicioso a la vista, y bueno para comer; también el árbol de vida en medio del huerto, y el árbol de la ciencia del bien y del mal".*

- Para Dios la libertad es importante.

- No puedes tener amor si no tienes libertad; no puedes tener libertad si no tienes una elección.

¿Cómo creo un lugar libre para mis hijos en el que tengan opciones?

- Mi tarea no es enseñar a mis hijos a que me permitan controlarlos; mi tarea es enseñar a mis hijos a que se controlen y gestionen a sí mismos, sin importar lo que esté ocurriendo en el mundo que los rodea.

- La tarea del Espíritu Santo es enseñarnos a gestionarnos en toda la libertad que Dios nos ha permitido tener.

¿Hay algún área en tu labor de padre en la que te encuentres luchando para tener el control?

Haz una lista con estas áreas y pregúntate de qué forma diferente podrías responder.

TEMOR AL CASTIGO

II Timoteo 1:7 *"Porque no nos ha dado Dios espíritu de cobardía, sino de poder, de amor y de dominio propio".*

- ¿Quiero someter a mis hijos a una forma de pensar en la que toman decisiones basándose en el temor al castigo o en la que se dan cuenta de que hay consecuencias relacionales para sus pobres decisiones?

I Juan 4:18 *"En el amor no hay temor, sino que el perfecto amor echa fuera el temor; porque el temor lleva en sí castigo. De donde el que teme, no ha sido perfeccionado en el amor".*

- La meta de la cultura del Cielo es que experimentemos un amor maduro.
- Si mi meta es amor y libertad, necesito herramientas totalmente diferentes que si mi meta es control e intimidación.
- "Yo tengo todo el poder y tú no tienes ninguno", no es cierto; es doloroso cuando los padres hacen este descubrimiento.

camión amarillo, camión rojo

¿Cómo creas un lugar de libertad en el que tus hijos tengan opciones y decisiones que tomar?

CONEXIÓN DE CORAZÓN A CORAZÓN

Salmo 32:8 (Traducción literal de la versión inglesa NKJV) *"Te instruiré y enseñaré en el camino a seguir; te guiaré con Mi ojo".*

El nuevo pacto trata sobre el poder de la relación y del amor, no sobre el comportamiento y la obediencia. El comportamiento y la obediencia tienen lugar, pero lo tienen como resultado de lo más importante que es una conexión de corazón a corazón. Es la capacidad de dirigir a alguien con amor.

- No se trata de ser controlado; se trata de verte afectado, influenciado y conectado.
- Si te miro a los ojos, veo tu corazón. Si veo tu corazón, entonces entiendo que mi comportamiento y mis elecciones te están afectando. Entonces, tengo una decisión que tomar.
- ¿Voy a adaptar mi comportamiento al ver cómo te afecta? Esta es la prueba del amor, del pacto y de la relación.

¿Estás modelando tu comportamiento basándote en cómo ves que afecta a tus hijos? De ser así, ¿cómo?

MANTENIENDO TU AMOR ENCENDIDO

Salmo 32:9 *"No seáis como el caballo, o como el mulo, sin entendimiento, que han de ser sujetados con cabestro y con freno, porque si no, no se acercan a ti".*

- Debo gestionarme sin importar lo que hagas hoy. Mi amor va a permanecer encendido hacia ti. Nadie más que yo controla mi amor.

- Estas personitas insisten en ser personas durante toda su vida. Son personas, no hay nada que puedas hacer para evitarlo, así que practica mantener tu amor encendido.

- Tus hijos pueden aprender a adaptarse para proteger tu conexión o pueden aprender a sobrevivir en su relación contigo.

No quiero que tengas que ser gobernado por el dolor; quiero que seas gobernado por el amor.

- Si tu hijo está tomando decisiones basándose en si se les va a castigar o hacer daño o no, no están siendo obedientes; están preservándose en su relación contigo.

- El fundamento es preservar la conexión de corazón a corazón; enséñales lo que necesitas y dales acceso a tu corazón.

- Los padres, especialmente los de adolescentes, fingen que no tienen una respuesta emotiva ante las locuras de sus hijos. Muéstrales tu corazón. Que puedan sentir el peso de lo que eres en esta relación. Que sientan la responsabilidad.

Enseña a tus hijos la fuerza del amor y la conexión de corazón a corazón.

Juan 14:15 (Traducción literal de la versión NASB) *"Si me amas, mis mandamientos guardarás".*

- Jesús murió para que pudiéramos ser libres. Es una forma totalmente nueva de relacionarse; está arraigada y cimentada en el amor, no en el temor al castigo.

¿Puedo Ir A La Escuela Pública?

Cuando nuestro hijo, Levi, tenía 14 años, iba a una escuela cristiana. Dijo, "Mamá, papá, quiero ir a la escuela pública". Tenía 12 compañeros de clase en la escuela cristiana de Bethel en el octavo curso y ¿quería ir a una escuela con 1.800 estudiantes? Con todos ellos… ¡Maldición! Allí hay muchas decisiones pobres. "Bien. Esto… hijo, estamos asustados. Estamos tan asustados. Mira a tu madre. ¡Mira lo asustada que está tu madre! Cariño, ¿qué nos haría ser genios si te dijésemos que sí a esta idea?"

"¿Qué te haría ser un genio? Pues que no romperé tu corazón".

Vaya, no me esperaba eso. "Esa es una respuesta bastante buena, hijo". Él entendía algo. Su tarea era gestionar su mitad de nuestra relación y no utilizar la libertad que se le había dado para dañar nuestra relación. Él se gestionaría a sí mismo.

Durante los cuatro años del instituto, eso es exactamente lo que hizo. Se gestionó a sí mismo. Utilizó esa libertad como si fuese vida para él, sabiendo que había muchísimas decisiones y opciones que dañarían nuestra relación, pero escogió proteger nuestra conexión.

¿Cómo hubieras gestionado esta situación como padre?

¿Qué herramientas o técnicas puedes usar de esta historia para tu propia familia?

"Eres el mejor padre que tu hijo puede tener.
¡Nadie lo ama como tú!"

~ Sheri

INGREDIENTES CLAVE PARA SER UN PADRE CON ÉXITO

1. **CONEXIÓN:** de corazón a corazón
2. **APODERAR:** "¿Qué vas a hacer?"
3. **LUGAR SEGURO:** "Puedo soportar tus errores".
4. **AMOR INCONDICIONAL:** "Nada te puede separar de mi amor".

La clave para ser buenos padres es proteger la conexión de corazón a corazón con tu hijo. Esto ayuda a tus hijos a tener poder en la relación para practicar su responsabilidad. Crea un lugar seguro para ellos cuando les transmites el mensaje, "Puedo manejar quién eres como ser humano. Puedo tratar con la gente. Puedo aguantar tus errores. No hay nada que puedas hacer que amenace el amor que tengo por ti. Mi amor es absolutamente incondicional".

Hablar de los siguientes asuntos como clase o en grupos pequeños.

1. ¿Qué es lo que más te resaltó en esta clase de introducción?
2. ¿Cómo te educaron? ¿Qué modelo de padres se usaba en tu hogar?
3. ¿El tipo de educación que te dieron tus padres estaba basada en el temor al castigo o en la libertad? ¿Cómo era? Da un ejemplo.
4. Habla de lo que quieres ver en tu propia paternidad como resultado de esta clase.

Emplea algo de tiempo esta semana para responder a las preguntas siguientes y aplica los conceptos que has aprendido en esta sesión.

1. Piensa en una situación que haya ocurrido esta pasada semana en la que te encontraste respondiendo como lo hubiera hecho tu padre. Descríbelo.
2. En tu propia vida, ¿te sientes que estás controlado por un sistema de control externo o interno? Explícate.
3. En una escala del 1 al 10, ¿cómo está la conexión de corazón a corazón con tu hijo? ¿Cómo piensas crear una mayor conexión?
4. Repasa esta sesión y escribe las respuestas a las preguntas de la sección REFLEXIONA en tu manual.

sesión **dos**

El Lenguaje que Otorga Poder

sesión
dos

EL LENGUAJE QUE OTORGA PODER

Esta sesión pretende presentarte un nuevo lenguaje que puedes usar inmediatamente y a la vez darte herramientas que te ayuden a reducir la ansiedad que producen ciertos comportamientos.

TEMAS DE LA SESIÓN

- **Comportamientos**
- **Aprendiendo el lenguaje**
- **Gestión de errores**

COMPORTAMIENTOS

La lista siguiente la crearon padres de todo el mundo ante la pregunta: ¿Qué comportamientos o tareas de las que se quejan tus hijos te gustaría ver erradicados de tu hogar?

Lista de Comportamientos

Falta de respeto	Golpear/acoso escolar	Desafío
Chores	Tareas domésticas	Auto-estima baja
Deberes	Mentir	

- Queremos reducir los comportamientos que producen ansiedad mientras nuestros hijos aprenden.
- Cuando queremos controlar estos comportamientos en nuestros hijos, nos damos cuenta rápidamente de que hemos perdido el control de nosotros mismos.
- La trampa es la creencia de que podemos controlar a los demás.
- ¿Cómo te vas a gestionar, sin importar lo que hagan tus hijos?
- Aprende ha dejar que el problema de tu hijo, siga siendo su problema.

¿Cuáles son los tres comportamientos principales que te gustaría ver erradicados de tu hogar? ¿Qué plan tienes para deshacerte de ellos?

APRENDIENDO EL LENGUAJE

Frases Cortas[1] *Las siguientes frases/herramientas son originarias de Love and Logic ®*

Lo sé

Probablemente

Podría ser

No lo sé

Buen intento

- Estas frases son una forma de mantener tu cordura mientras tus hijos pierden la suya.

- Estas frases cortas te ayudarán a alejarte de una discusión o de una lucha de poder.

- No discutas nunca con los niños.

- La meta es reducir y erradicar los comportamientos que producen ansiedad que los niños nos presentan mientras aprenden; no es para controlarlos ni a ellos ni a sus pensamientos.

Ejemplo:

Niño: *No es justo.*

Padre: *Lo sé.*

Niño: *Tú sabes que no es justo.*

Padre: *Probablemente.*

Niño: *No puedes decir 'lo sé' cuando no es justo.*

Padre: *Lo sé.*

Niño: *Te estás burlando de mí.*

Padre: *No es mi intención, cariño, te quiero.*

---

[1] Love and Logic ® *(ver más información sobre esto en Referencias y Recursos)*

"La mejor forma de controlarme es utilizando estas frases cortas. ¡Me salvan la vida! Puedo enseñar a mi hijo que nos valoro al no enfrascarme en una batalla de falta de respeto en la que tantos padres se ven inmersos".

~Brittney

- Asegúrate de transmitir el mensaje, "te quiero", mientras aprenden a gestionarse a sí mismos.
- Decide no discutir con tus hijos.
- Es importante no asaltar una conexión con una discusión.
- Tu tarea es gestionarte a ti y no controlar la forma en la que piensan, lo que sienten ni si están de acuerdo con tu juicio.
- Mantén la conexión de corazón a corazón.
- Podrás influir y aportar si tienes una conexión.

¡Oh, No!

"Lo siento por ti. Sé que esto va a doler un poco. Eres un chico listo. Seguramente aprendas algo útil con esta situación. Te quiero mucho".

- Esta es la respuesta a sus grandes errores.
- Es una manera sencilla de comunicar "Lo siento por ti" a tu hijo.
- Está al caer una lección que va a llevar consigo muchas consecuencias. Es muy posible que no sea divertido, pero vas a amarlos a lo largo del proceso.

¿Qué vas a hacer?

"Tienes el poder de hacer algo con tu problema, estoy seguro de que encontrarás una gran solución para este tema de tu vida, si necesitas mi ayuda, estoy aquí para ayudarte. Te amo mucho".

- Esta respuesta les otorga poder para sus propias decisiones.
- ¿Cómo te va a funcionar eso? (Esto ayuda al niño a darse cuenta de que es su problema).
- Quieres ayudar a una persona que tiene un problema. Tú no tienes la solución para alguien que no tenga un problema.
- Cuando dices, "¿Qué vas a hacer?" Y ellos responden, "No lo sé". Puedes tomar tus perlas de sabiduría e introducirlas en la conversación. Estás hablando con alguien que tiene un problema.
- Tu hijo aprenderá lecciones sobre las consecuencias de sus decisiones.
- Serás el que esté a su lado y ayude a sacar lo mejor que hay en ellos porque se están responsabilizando del desastre que han creado y lo están limpiando.

No hay Problema

"No hay problema para mí... ¡pero tal vez se te avecina uno! Te amo mucho".

- Ten un plan. Debes saber lo que vas a hacer contigo mismo.
- No dejes que la respuesta, la desobediencia ni la oposición de tu hijo te asusten.
- Mantén la sonrisa en tu rostro porque tú no eres el que tiene el problema.
- Los padres pueden depender tanto de la obediencia de su hijo que cuando el hijo siente que no tiene poder y quiere sentirse poderoso (de aquí no me muevo), los padres no saben qué hacer.

Eres Divertido

"Necesito que aprendas lo que necesito en esta relación. Te amo mientras aprendes esta valiosa lección".

- Es un requisito o experiencia entre tú y yo.
- Necesito que sea divertido estar contigo.
- Establece límites con tu hijo.
- Enséñale a respetar y valorar lo que necesitas de la relación.
- Para poder proteger y construir una conexión, debe haber dos personas poderosas en esta relación.

Si te enseño que solo hay una persona en esta relación, no respetarás lo que necesito. Me sentiré dolido y ofendido. Te he enseñado a no tenerme en cuenta en esta relación.

¿Cómo eres de eficaz a la hora de enseñar a tu hijo a valorar y respetar lo que necesitas en tu relación con él?

Al incorporar este nuevo lenguaje, y no discutir con tu hijo, ¿cómo mejorará tu relación y el entorno de tu hogar?

¿Por qué es importante para los niños poder aprender las consecuencias de sus propias decisiones?

....

....

....

....

....

GESTIÓN DE ERRORES

El Almuerzo de Britt

Cuando Britt tenía unos nueve años, Sheri decidió que ya no iba a preparar los almuerzos. Compró los avíos para los bocadillos y los puso en un armario. El primer día Brittney estaba muy emocionada. Estaba pensado en enseñarla a manejar algunas de sus responsabilidades. Se estaba graduando para que la lista de responsabilidades incrementase). Yo (Danny) la llevé al colegio. Cuando llegué a casa, ¿adivina qué había sobre el mostrador? Su almuerzo. Miré a Sheri y dijo, "Va a llamar". (Suena el teléfono). Sheri me miró y dijo, "¡Allá vamos!"

Britt: Hola, mamá, se me ha olvidado mi bolsa con la comida sobre el mostrador.

Sheri: Ah, ¿la color púrpura?

Britt: Sí.

Sheri: Ahí está. Ya la veo.

Britt: Mamá, ¿me puedes traer mi comida?

Sheri: Querida, hoy no voy a la escuela. (Vivimos a 10 minutos de la escuela).

Britt: Oh, ¡mamá! ¡Eso no es justo!

Sheri: Lo sé.

Britt: Mamá, por favor, tráeme la comida.

Sheri: Lo siento Britt. Hoy no voy a la escuela. ¿Qué vas a hacer?

Britt: Iba a llamarte y pedirte que me la trajeses.

Sheri: Lo sé. Tengo una idea si quieres oírla.

Britt: ¿Qué? (con voz de enfadada)

Sheri: Bueno, algunos niños esperan hasta después de la hora del almuerzo y rebuscan en el cubo de la basura para ver qué encuentran.

Britt: Vaya idea tan estúpida. No voy a rebuscar en la basura.

Sheri: Tengo otra idea para ti.

Britt: ¿Es mejor que la anterior?

Sheri: Tal vez. Podrías preguntar a alguno de tus amigos si les importaría compartir su comida contigo.

Britt: Oh, no quiero pedírselo a nadie. Quiero mi comida. ¿Puedes, por favor, traerme mi comida?

Sheri: Lo siento. Hoy no voy a la escuela. Pero tengo una idea más. Puedes ir a la secretaria y preguntarle qué pasa cuando los niños olvidan su comida.

Britt: No quiero hablar con ella. Me asusta.

Sheri: Bien, esas son todas las ideas que tengo. Sé que vas a dilucidar lo que vas a hacer. Te quiero mucho. Adiós. (Click)

Esto es muy difícil. Es difícil dejar que los hijos tengan sus propios problemas. Es mucho más fácil solucionárselos… en este caso, ir a la escuela, entrar y decir, "Esta es la última vez. No pienses que voy a volver aquí mañana. Tienes que responsabilizarte". Es muchísimo más fácil hacer eso.

Brittney llegó a casa de la escuela y dio un portazo. Sheri estaba pensando, "Me odia. Pobrecita". Entonces Brittney entró.

Sheri: ¿Qué hiciste?

Brit: ¿Qué?

Sheri: ¿Qué hiciste hoy para comer?

Britt: Ah, compartí la comida con Olivia.

¡Madre mía, tiene un cerebro y le funciona en la escuela!

- ¿Qué vas a hacer mientras tus hijos aprenden sobre sí mismos?

- Los niños no quieren ser controlados, por lo que luchan por su libertad.

Voy a gestionarme mientras te enseño a gestionarte.

- Quieres evitar tener una lucha para ver quién tiene el control.

- La labor del padre no es controlar a su hijo; es enseñarle a controlarse a sí mismo y ser un ejemplo de qué es el auto-control.

- Van a cometer errores por el camino y tú también.

- Estás criando hijos responsables y poderosos cuando les enseñas a auto-gestionarse.

"Cada vez que me encuentro en una lucha de poder con uno de mis hijos, en el momento que les doy alguna opción, ambos nos volvemos a sentir poderosos".

~ Ben

¿Cómo respondes cuando tu hijo comete un error?

¿Estás permitiendo que tu hijo viva su vida delante de ti mientras que aprende cometiendo errores? ¿Cómo?

¿Cómo lo ayudarás a aprender a ser responsable de sus propias elecciones y decisiones?

Habla de estas cuestiones junto con la clase o en grupos pequeños.

1. Piensa en una situación en la que tu hijo haya cometido un error o no haya sido responsable. ¿Cuál fue tu respuesta? ¿Cómo variaría tu respuesta con las herramientas que acabas de aprender?

2. ¿Te resulta difícil permitir que tu hijo encuentre soluciones propias para sus problemas? Explícate.

3. ¿Qué quieres que aprenda tu hijo mediante las consecuencias de sus propias decisiones? ¿Cómo vas a ayudarle con esto?

Emplea algo de tiempo esta semana para responder a las siguientes preguntas y aplicar los conceptos que has aprendido en esta sesión.

1. Utiliza el nuevo lenguaje de frases cortas para responder a tu hijo durante esta semana. Escribe cómo te fue y los cambios que ves.

2. Danny enseña que una relación saludable es dos personas poderosas que se respetan mutuamente. ¿Refleja esto tu relación con tu hijo? De ser así, ¿cómo es? Si no es así, ¿qué puedes hacer para crear este tipo de relación?

3. Repasa esta sesión y escribe las respuestas a las preguntas bajo el epígrafe REFLEXIONA de tu manual.

sesión

tress

En el Amor No Hay Temor

sesión

tress

EN EL AMOR NO HAY TEMOR

Esta sesión trata sobre la batalla existente entre el temor y el amor y el entorno que estás creando en tu hogar.

TEMAS DE LA SESIÓN

Intimidación y Temor

La Gran Mentira

Opciones y Libertad

Ser Padres con Éxito

INTIMIDACIÓN Y TEMOR

Amígdala — Un estructura neuronal con forma de almendra que está involucrada en la producción y respuesta de señales no verbales de enfado, evasión, defensa y temor.

Una pequeña masa de materia gris que da pie a reacciones de aversión como quedarse helado, tener manos sudorosas y expresión de tensión con los labios.

La amígdala también impulsa la liberación de adrenalina y otras hormonas en el torrente sanguíneo y, por lo tanto, acelera la respuesta protectora interrumpiendo el control del pensamiento racional.

- Cuando estás asustado, tu amígdala se dispara a causa de algo que haya ocurrido en tu entorno; ahí es cuando empiezas a guardarte y protegerte.

- Cuando te asustas se crea una desconexión y empiezas a pensar más en ti mismo que en cualquier otra cosa.

- El Cielo no funciona creando una situación en la que tu hijo tenga que luchar bajo tu liderazgo y autoridad.

1 Juan 4:18 NIV *"En el amor no hay temor, sino que el perfecto amor echa fuera el temor; porque el temor lleva en sí castigo. De donde el que teme, no ha sido perfeccionado en el amor".*

- Es posible que el temor y la intimidación funcionen, pero no es así como funciona el Cielo.

- El temor tiene que ver con el castigo, pero el amor perfecto y maduro echa fuera todo el temor.

Describe una ocasión en la que tuviste miedo y entró en funcionamiento tu amígdala. ¿Cómo respondiste?

¿Estás creando un entorno de temor e intimidación o de amor y libertad? Explícate.

LA GRAN MENTIRA

¿Qué crees que es verdad?

¿Qué crees que es verdad?

Violencia = Poder

Enfado = Poder

Otras personas me pueden controlar

Puedo controlar a otras personas

- La mayoría de las personas piensan que pueden salirse con la suya si introducen dolor y sufrimiento en la relación.

- Los adultos no saben qué hacer con la palabra 'no', por lo que piensan que es su trabajo enseñar a los niños a que les otorguen el control o, de lo contrario, ocasionarán dolor.

La gran mentira... creer que otros me pueden controlar y que yo puedo controlar a otros.

- Siempre y cuando esta mentira esté operativa en tu relación, te sentirás sin poder e intentarás controlar a la otra persona.

- En el momento que dejes de creer, "Puedo controlar a la gente"; dejarás de intentar controlar.

- Tu tarea es hacer algo; tu tarea no es lograr que otros hagan algo.

- Yo me gestiono a mí y tú a ti.

- El amor no tiene que ver con el control... sino con la libertad.

- El control compartido es cuando entendemos que yo soy libre y tú eres libre.

- La única forma de ser libre es teniendo una opción.

"La mayoría hemos sido criados creyendo mentiras sobre el poder. Cuanto más creo que te controlas a ti y yo a mí, más podremos experimentar el intercambio de amor y vida sin las cosas que se cuelan entre medias".

~Ben

¿Se manifiesta "la gran mentira" en tu forma de ser padre? De ser así, ¿cómo?

¿Qué pasa cuando no te sales con la tuya en las relaciones? ¿Qué tácticas utilizas para hacer que otros hagan lo que quieres? (Ejemplo: te enfadas, te pones agresivo, te deprimes, pones caritas, lloriqueas, te vuelves dulce, etc.)

¿Qué verdad quieres que tome el lugar de esta mentira?

....

....

....

....

OPCIONES Y LIBERTAD

Tu meta como padre es crear un lugar seguro en el que el amor pueda reinar y el temor se pueda extinguir.

¿Por qué Opciones?

Control...una de las mayores necesidades de los humanos. Si amenazas el control, harás que se produzca una "respuesta de pánico" en las personas, y los niños son personas.

- Dios no hace Su labor de padre por medio del control, la intimidación y el castigo.
- Dios hace de padre por medio del amor incondicional y la confianza dándote libertad.
- Cuando las personas no tienen opciones, estamos creando lo peor que hay en ellas.
- Cuando le quitas las opciones a alguien e intentas gobernarlo, se desconecta e intenta protegerse.

La Hora de Dormir de Levi y Taylor

Recuerdo cuando Levi y Taylor tenían 4 y 6 años respectivamente y estábamos listos para concederles libertad a la hora de ir a dormir. Les dimos opciones. "¡Chicos! ¡Es hora de *ir a la habitación!*[1] No quiero ver a ninguno ni oír a ninguno hasta por la mañana. Buenas noches". Taylor no se lo podía creer. "¿Podemos dejar la luz encendida?" "No quiero oírte y no quiero verte hasta por la mañana". "¿Podemos leer un libro?" Tiene 4 años y no puede leer ningún libro. "No te quiero oír y no te quiero ver hasta por la mañana". "¿Podemos jugar con nuestros juguetes?" "No te quiero oír y no te quiero ver hasta por la mañana". Mira a Levi. Rápido, vámonos a la cama antes de que recapaciten… y se van.

Esto es como meter dos cachorros de labrador en una caja diciéndoles que no se toquen. Se van a su habitación. ¿Pienso que van a fracasar? ¡Por supuesto que sí! Tienen 4 y 6 años. Están en la cumbre de su carrera de cometer errores. No pasa mucho tiempo cuando escucho, "Je, je, ja, ja, pum, pum, pum". Abro la puerta y digo, "¡Chicos! ¿Están cansado o necesitan algo que hacer?" "¡No estamos cansados" No estoy cansado". "¿Estás cansado? Yo no estoy cansado". Digo, "Vengan aquí" y los conduzco por el pasillo abajo. Abro la puerta del garaje y digo, "Levi, ahí tienes. Toma una escoba. Pon toda la basura en un montón y cuando

[1] *Room time*, Love and Logic ®

hayas terminado, coloca el montón en este cubo. ¿Está bien? Y si estás cansado, te puedes ir a la cama, pero si no estás cansado, tengo algo más que puedes hacer". Cierro la puerta.

Me llevo a Taylor al patio de atrás y allí hay un trozo de cemento de cuatro pies por seis pies (1'2 m por 1'8 m). Tiene como ocho hojas encima. Tiene 4 años y no ha hecho nada de trabajo en su vida. Digo, "Hijo, barre esas hojas. Si estás cansado cuando termines, puedes ir a la cama.

Si no estás cansado, tengo algo más para ti". "Ahh..¡ahhh!" Suena como si alguien lo estuviera desollando. Está sentado llorando y llorando y llorando.

Levi termina. Digo, "Oye, amiguito, muy bien. ¿Estás cansado o necesitas hacer algo más?" "Estoy cansado". "Muy bien, amigo. (muac). Buenas noches".

Taylor está llorando... no ha movido ni una hoja. Abro la puerta y digo, "Taylor, ¿tienes frío?" "¡Síiiiiii!" "Toma tu chaqueta". (Llora que te llora). "Oye, en el momento que termines, si estás cansado te puedes ir a la cama". Lo sigue alargando no sé cuánto tiempo mientras continúa llorando. "Taylor, ¿estás cansado o quieres hacer algo más?" "C-c-c-cansado". "Muy bien, cariño. Bien. (muac) Buenas noches". Y se va.

La próxima vez... "Muy bien, chicos. ¡Es hora de ir a la habitación! No quiero oír a nadie ni ver a nadie hasta por la mañana". Se miran y se van. ¿Puedes sentir el peso de la responsabilidad? ¿Puedes sentirlo? Seguramente se están preguntando si pueden manejar este tipo de libertad. Están acostumbrados a que les gritemos y les digamos qué hacer y que se duerman. No están acostumbrados a que se les otorgue libertad y puedan escoger qué hacer. Esta fue nuestra rutina para ir a dormir durante años y años.

Ejemplos de Opciones:

¿Estás cansado o necesitas hacer algo?

Siéntete libre para unirte a nosotros a la mesa cuando termines tus tareas. Tómate tu tiempo.

- Dar poder a los niños para que tomen decisiones, cuando son pequeños, es una práctica del auto-control.

- Ofrecer opciones y dar poder es lo que empieza a construir responsabilidad.
- Dios nos da más poder del que nos podemos imaginar.
- Quieres que tu hijo sienta que ha sido apoderado para saber qué hacer cuando se le ofrece libertad.

Ejemplos de opciones que pueden dar los padres:

¿Quieres irte a la cama ahora o cuando acabe este programa de la tele?
¿Quieres que te lleve en brazos o prefieres caminar hasta tu cama?
¿Quieres ir al baño primero o lavarte los dientes antes?
¿Quieres el vaso azul o el rojo?
¿Quieres una historia o prefieres que no haya historia?
¿Quieres ducharte o bañarte?
¿Quieres ponerte esta ropa o esa ropa?

¿Das opciones a tus hijos apoderándoles así para tomar decisiones?

¿Puedes pensar en otras maneras de ofrecer libertad dando opciones a través de las decisiones diarias?

SER PADRES CON ÉXITO

Tres conceptos principales

- Establece límites firmes

    Cuídate bien

    Di a los demás lo que vas a hacer tú

    Utiliza pocas palabras aderezadas con acciones significativas

- Ofrece opciones dentro de esos límites
- Que las consecuencias mezcladas con la empatía sean las que enseñen

Establece límites firmes sabiendo qué vas a hacer. Mira por ti para que seas capaz de cuidar mejor a los demás. Aprende a proteger la conexión disminuyendo el nivel de ansiedad. Confía en que tus hijos van a cometer errores; se trata de saber qué vas a hacer contigo mismo cuando los cometan. Que las consecuencias de sus pobres decisiones sean el maestro principal. Tus hijos aprenderán a entender las consecuencias de sus decisiones y cuando se les presente nuevamente una opción, intentarán tomar una decisión genial porque son genios.

"¡Date un respiro!
Ser padre puede ser la experiencia más agotadora emocionalmente hablando
si nos comparamos con otros padres constantemente".

~Sheri

Habla sobre estas cuestiones en clase o en grupos pequeños.

1. ¿Qué piensas que hará poderosa a otra persona?
2. ¿Cómo permites que tus hijos sean poderosos?
3. ¿En qué áreas de tu paternidad estás creyendo la gran mentira… otras personas me pueden controlar; puedo controlar a otras personas? ¿Cómo lo demuestras?
4. ¿Qué situaciones acarrean la mayor cantidad de ansiedad en tu hogar (hasta el punto de sentirte fuera de control)? Habla sobre ciertas maneras en la que puedes reducir la ansiedad.

Emplea un tiempo esta semana para responder a las siguientes preguntas y aplica los conceptos que has aprendido en esta sesión.

1. Haz una lista de áreas de responsabilidad en las que puedes dar más libertad a tu hijo mediante opciones (p.e. hora de dormir, deberes, hora de comer, tareas, etc.). Describe cómo sería.
2. Piensa en una situación reciente en la que tu hijo cometió un error y se te ocurriese una solución a su problema. ¿Qué otra respuesta le podrías haber dado para ayudarle a pensar en la solución a su propio problema?
3. Repasa esta sesión y escribe las respuestas a las preguntas bajo el epígrafe REFLEXIONA de tu manual.

sesión

cuatro

Conexion de Corazón a Corazón

sesión

cuatro

CONEXIÓN DE CORAZÓN A CORAZÓN

Esta sesión trata de la conexión de corazón a corazón con tus hijos y de mantener siempre tu amor encendido.

TEMAS DE LA SESIÓN

- **Conexión: La Meta de la Relación**
- **El Secreto Mejor Guardado**
- **Lenguajes del Amor**[1]
  - Regalos
  - Contacto Físico
  - Actos de Servicio
  - Palabras de Afirmación
  - Tiempo de Calidad
- **Arregla Tus Desastres**

---

[1] The Five Love Languages (ver más información sobre esto en *Referencias y Recursos*)

CONEXIÓN La Meta de la Relación

- Debemos tener un plan de cómo vamos a mantener el amor encendido.

- Cuando nos topamos con obstáculos, reaccionamos y nos llenamos de ansiedad

- Debemos mantener nuestro amor encendido sin importar lo que ocurra para que el mejor padre que hay en nosotros sea el que salga a la superficie.

¿Cuál es la meta en tu relación?

¿Una distancia segura?

O tu meta es... una conexión fuerte y de amor.

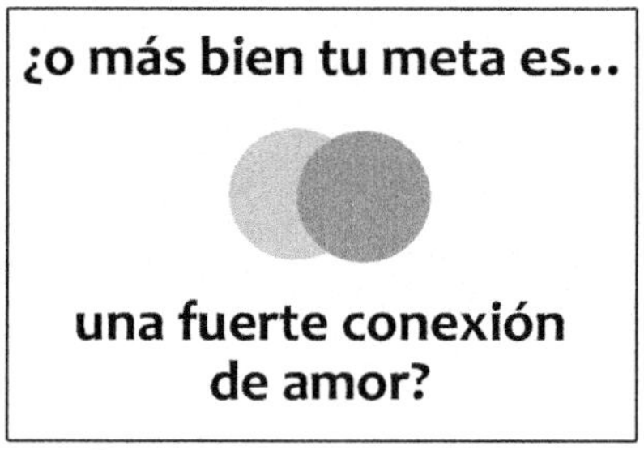

- Es importante en cualquier relación tener una meta que no solo sea ser padres.

- Si no sabes cuál es tu meta, no te responsabilizarás de ella.

- Cuando alguien nos asusta o hace daño, nuestra meta se transforma en mantener una distancia de seguridad.

Si tu meta es la distancia, has decidido añadir ansiedad a la relación.

- Eres el único que puede controlar tu meta.

- Una vez que haces que tu meta sea una fuerte conexión de amor, empiezas a reducir de inmediato la ansiedad existente entre tú y tu hijo (o la otra persona).

- Que preservar y fortalecer tu conexión sea siempre una prioridad.

- Lo peor que puedes hacer cuando la ansiedad y el temor están fluyendo en tu relación es intentar solucionar el problema mientras sigues desconectado.

- Es necesario que lleguemos a una situación de amor y conexión antes de solucionar un problema.

Cuando te encuentras desconectado de tu hijo, el primer paso es restaurar esa conexión.

"Siempre estoy buscando formas de construir una conexión de corazón a corazón con mi hijo para tener algo de lo que tirar cuando es necesario ... Haciendo cosas que comunican amor y que sea eso lo que escuchen".

~ Ben

¿Cómo ayuda a tu relación tener en mente una meta de conexión?

....

....

....

....

....

....

EL SECRETO MEJOR GUARDADO

Mateo 22:36-39 NIV *"Maestro, ¿Cuál es el gran mandamiento en la ley? Jesús le dijo: Amarás al Señor tu Dios con todo tu corazón, y con toda tu alma, y con toda tu mente. Este es el primero y grande mandamiento. Y el segundo es semejante: Amarás a tu prójimo como a ti mismo".*

- Jesús resalta que la vida se trata del amor.

- No se trata de lo que puedes hacer por mí, tus logros, tu gran comportamiento ni las normas que puedes guardar; se trata de lo bueno que eres gestionando tu amor hacia los demás

- Estás derramando tu corazón y alma en estas personitas.

- Podrás demostrar una y otra vez el mayor amor de todos... poner tu vida por ellos.

Juan 15:13 NKJV *"Nadie tiene mayor amor que este, que uno ponga su vida por sus amigos".*

- Una de las formas en las que damos nuestra vida por nuestros hijos es aprendiendo cómo entienden "te quiero".

¿Cuáles son algunos de los secretos mejor guardados en muchas familias?

Te quiero mucho

Valoro nuestra relación

¿Sabes cómo escuchan "te quiero"?

- Para que tus hijos sientan que su relación contigo es una de las relaciones más importantes en tu vida, necesitan sentir y escuchar el mensaje, "te quiero mucho".
- Aunque no sea la manera en la que tú escuchas "te quiero", debes demostrarlo en la manera en la que ellos se sientan amados.
- Es importante prestar atención y entender el lenguaje del amor de tu hijo para mantener y restaurar tu conexión.
- La manera en la que demuestran el amor suele ser la manera en la que lo escuchan.

"Aprende el lenguaje del amor de tu hijo".

~ Sheri

Durante tu infancia, ¿era difícil para tus padres mostrarte su amor? ¿Y entre ellos?

¿Cómo demuestras "te quiero" a tu hijo? ¿Y a los demás?

LENGUAJES DEL AMOR

Adaptado del libro de Gary Chapman, *Los Cinco Lenguajes del Amor*

1. Regalos
2. Contacto físico
3. Actos de servicio
4. Palabras de ánimo
5. Tiempo de calidad

REGALOS

Conexión "Me conoces y pensabas en mí aun cuando no estaba presente".

- Los regalos muestran que estabas pensando en esta persona aun estando separados.
- Los regalos muestran que lo conoces y sabes cómo afirmárselo.
- Los regalos muestran que te acordaste de una ocasión especial, o de una ocasión cualquiera, para expresar tu amor.

Desconexión "No te importo porque ni siquiera me conoces ni me dedicas un pensamiento pasajero".

- Olvidaste el regalo
- Escogiste un mal regalo
- Te olvidaste de una ocasión especial

El beso de la muerte es olvidarse de traer un regalo o traer uno que muestra que, en realidad, no conoces a la persona.

¿Experimentas el amor y la conexión mediante regalos?

¿Quién tiene este lenguaje del amor en tu familia? ¿Qué hacen para demostrarlo?

CONTACTO FÍSICO

Conexión *"Me siento conectado cuando nos estamos rozando".*

- Contacto físico
- Proximidad física
- Contacto frecuente

Se trata de sentirse amado por medio del afecto. Por ejemplo: no puedes sentarte en el sofá solo sin que tu hijo esté siempre cerca de ti, se recueste sobre ti o quiera ser tocado (por ejemplo, rascándole la espalda)

Desconexión *"Me siento rechazado y desatendido cuando no me tocas".*

- Has pasado por alto oportunidades para que haya roce
- No has hecho demostración pública de afecto (DPA)
- Has dejado pasar mucho tiempo entre contacto físico y contacto físico

El beso de la muerte es no tocarse para nada. Si no eres una persona a la que le guste el roce, tal vez no estés intentando enviar el mensaje de rechazo, pero eso es lo que captan.

¿Sientes amor y conexión por medio del contacto físico?

En tu familia ¿quién tiene este lenguaje del amor? ¿Qué hacen para demostrarlo?

ACTOS DE SERVICIO

Conexión *"Me siento amado cuando te encargas de las cosas que son importantes para mí".*

- Hacer cosas por ellos
- Anticipar necesidades supliéndolas
- Llevar a cabo tareas específicas

A la gente con este lenguaje del amor le gusta que se les ayude con lo que necesitan. Toman nota de las cosas a hacer y se sienten amados e importantes cuando los ayudas.

Desconexión *"No te importo porque no te importan las cosas que son importantes para mí".*

- Dejar que los mensajes de "ayúdame" pasen inadvertidos
- Tener reacciones negativas ante las tareas
- Llevar a cabo tareas que no tienen nada que ver con lo pedido o lo necesario

El beso de la muerte es cuando tu hijo piensa que lo que es importante para él no es importante para ti. Para ellos la ayuda se traduce en amor; no ayudarlos es invalidación o rechazo.

¿Experimentas amor y conexión mediante los actos de servicio?

En tu familia ¿quién tiene este lenguaje del amor? ¿Qué hace para demostrarlo?

PALABRAS DE AFRIMACIÓN

Conexión *"Me siento amado cuando creo que te gusto".*

- Las palabras son vida
- Las palabras contienen valor hacia mi persona
- Las palabras dicen, "¡Creo en ti!"

La vida y la muerte están en el poder de la lengua. Se alimentan por la idea de que te gustan, que disfrutas con ellos. Sonreír, reír y disfrutar de ellos es alimento para su alma.

Desconexión "Me siento rechazado cuando tus palabras son hirientes".

- La crítica los mata
- Son hipersensibles ante la desaprobación/corrección
- Largos períodos de tiempo sin enviar un mensaje de que son valorados

El beso de la muerte es cuando estás enfadado o molesto e intentas corregir a tu hijo con este lenguaje del amor mediante palabras hirientes. Son sensibles a las palabras y tal vez necesiten algo parecido al sándwich del héroe.

Sándwich del Héroe:

(Pan) Te quiero. Eres increíble.

(Carne) Lo que estás haciendo no me está gustando nada.

(Pan) Te quiero. Eres increíble.

Cuando dices, "Te quiero" a una persona con este lenguaje del amor, las palabras penetran.
Cuando dices, "Te quiero" a una persona cuyo lenguaje del amor son actos de servicios, ellos dicen, "recoge tus calcetines".

¿Experimentas amor y conexión mediante las palabras de ánimo?

En tu familia, ¿quién tiene este lenguaje del amor? ¿Cómo lo demuestran?

TIEMPO DE CALIDAD

Conexión "Me siento amado cuando te interesas por mí".

- Compartir una actividad o conversación que sea importante para ellos
- Escuchar, participar en la conversación
- Participar de manera voluntaria

Destapan su vida y tu tarea es unirte a ellos. Demuestras que los amas porque estás interesado en lo que les interesa.

Desconexión "Me siento rechazado cuando no valoras mis intereses".

- Estar distraído o con desinterés
- No escuchar bien
- No tomar el tiempo para conectar con ellos.

El beso de la muerte es cuando muestras… no tengo tiempo y no voy a hacerte un hueco. Cuando estoy contigo, estoy distraído.

¿Experimentas amor y conexión mediante el tiempo de calidad?

En tu familia, ¿quién tiene este lenguaje del amor? ¿Qué hacen para demostrarlo?

ARREGLA TUS DESBARAJUSTES

Hay conexión cuando existen transferencias exitosas de "te quiero mucho". Protege esas conexiones. Que la conexión sea tu prioridad.

- Cuando haya una desconexión, comunica que lo sientes y que no te diste cuenta de cómo los estaba afectando.
- "No entiendo qué quieres de mí, ¿me puedes ayudar a entenderte?"
- Tienes que llegar al lugar en el que sienten que están recibiendo amor.

Piensa en alguna ocasión en la que tuviste que arreglar una situación con tu hijo en la que necesitabas pedirle perdón. ¿Qué ocurrió? ¿Cómo se vio afectada tu conexión? ¿Cómo fue restaurada?

Habla sobre estos temas con la clase o en grupos pequeños

1. ¿Por qué es importante saber cuál es el lenguaje del amor los unos de los otros?
2. ¿Sabes cuál es tu propio lenguaje del amor? ¿Qué es? ¿Cómo lo sabes?
3. ¿Cuáles son los dos idiomas principales de tu cónyuge e hijo?
4. ¿Se te da bien comunicarte con ellos en su lenguaje?

Emplea algo de tiempo esta semana para responder las siguientes preguntas y aplicar los conceptos que has aprendido en esta sesión.

1. Entra en el sitio web http://www.5lovelanguages.com y haz el test online. Que tu hijo haga el que hay para niños.
2. Haz una lista de las diferentes formas en las que puedes amar mejor a tus hijos por medio de su lenguaje.
3. ¿Cuáles son algunas maneras en las que puedes mantener tu amor y la conexión de corazón a corazón con tu hijo?
4. Repasa esta sesión y escribe las respuestas a las preguntas bajo el epígrafe REFLEXIONA en tu manual.

sesión
cinco

La Prioridad de la Conexión

sesión

cinco

LA PRIORIDAD DE LA CONEXIÓN

Esta sesión trata sobre lo que podemos entregar a esta próxima generación… la destreza para proteger sus conexiones. Con todas las opciones y libertades que tienen nuestros hijos, podemos darles la oportunidad de decirse qué hacer y priorizar sus conexiones.

TEMAS DE LA SESIÓN

- **Proteger las Conexiones**
- **El Temor y el Control**
- **Los Desafíos**
- **Seguir Conectados**
- **La Fuerza de tu Conexión**

PROTEGER LAS CONEXIONES

Conexiones relacionales

El Padre celestial y nosotros

Esposo y esposa

Padre e hijo

Hermano y hermano

Amigo y amigo

- Un buen día, me puedo controlar a mí.

- Quieres que tus hijos se hagan adultos que sepan decir qué hacer y priorizar sus conexiones.

- La meta es construir conexiones con tu hijo, proteger dicha conexión, alimentarla y después mantenerla.

Brittney Vuelve a Contar una Historia de Haber Estado Perdida Durante un Día

Cuando tenía 16 años, acabábamos de mudarnos de Weaverville a Redding y yo estaba luchando con la soledad. Me encontré en un chat de internet con un muchacho que me devolvía afecto de formas como yo nunca había experimentado. Nunca había tenido un novio, por lo que me encontré chateando con este muchacho y disfrutando de la atención recibida. Las llamadas telefónicas a altas horas de la madrugada se convirtieron en un plan para conocernos. La semana anterior a cuando habíamos decidido conocernos, nuestra familia estuvo en Los Ángeles. Le conté a mi primo lo que iba a hacer, por lo que era el único que estaba al corriente.

Le dije a mi madre que me iba a una fiesta en casa de una amiga ese día para poder tener una excusa para ausentarme durante todo el día. Después fui y conocí a este muchacho en el parque. Acabé fuera de casa durante ocho horas sin mantener ningún tipo de contacto con mis padres. Mi madre, en algún punto a lo largo del día, estaba intentando contactar conmigo pero no era capaz de encontrarme. Llamó a casa de la amiga con la que supuestamente iba a estar y le dijeron, "Brittney no ha pasado por aquí". En ese momento, ¿qué hace cualquier padre? Su corazón se hunde en un agujero que hay en el estómago y empieza a ocurrírsele todo pensamiento angustioso que pueda imaginarse.

A lo largo de este proceso de intentar dilucidar dónde estaba, se acordó de mi primo y de que habíamos pasado mucho tiempo juntos, por lo que era posible que él lo supiese. Él confesó y le contó lo que yo estaba haciendo... planificar un encuentro con un muchacho al que había conocido por internet en un parque. No sabía en qué parque habíamos quedado y hay más de 20 parques en Redding.

Mi madre no podía ponerse en contacto con mi padre porque estaba fuera de la ciudad y no tenía cobertura en el móvil. Mi madre estaba sola en casa y mi padre y yo teníamos los únicos dos automóviles. Mi madre estaba muy preocupada, "No sé dónde está mi hija. ¿Y si le pasa algo? Ni siquiera sé si estará viva para cuando la encuentre".

Mientras tanto, yo me lo estaba pasando muy bien. Ella llamó a Kris y Kathy Vallotton, algunos de los muy pocos que conocíamos en la ciudad, y les dijo lo que estaba pasando. Kris y Kathy oraron y el Señor terminó diciéndoles exactamente dónde estaba y fueron derechos a por mí. Hay muchos parques en Redding y fueron derechos a mí. A esas alturas yo había estado fuera durante ocho horas. Me encontraron en la oscuridad besando a un muchacho al que acababa de conocer.

Kris habló con el muchacho, yo llamé a casa, dándome cuenta de que tenía 40 llamadas perdidas. Mi padre contestó al teléfono y me dijo entre lágrimas que ahora mismo estaba describiéndome a la policía. En ese momento sentí algo de dolor por, "Oh, madre mía, ¿qué acabo de hacer?" Pero no podía ir allí porque tenía 16 años y lo sabía todo y decidí enfadarme en su lugar. Me preparé para una batalla.

Mientras Kris y Kathy hablaban con mis padres, yo me senté y esperé mi castigo. Tenía los guantes de boxeo puestos y estaba preparada para defenderme. Entraron en la sala y podía ver enfado en la cara de mi madre, porque así es como se manifiesta estar asustado. Mi padre estaba tranquilo, pero yo pensaba que tal vez estuviera en shock. Ahí estábamos, mi madre y yo estábamos empezando a pelear, pero mi padre toma el control y me empieza a hacer preguntas como, "¿Qué estabas haciendo? ¿Qué estabas pensando? ¿Qué está pasando? ¿Por qué harías algo así?".

Yo salí con, "No tienes ni idea la presión a la que estoy sometida por ser tu hija. Vengo aquí y soy la hija de Danny Silk. Todo el mundo lo sabe todo sobre mí. Me comparan constantemente con mis amigos. Esa es la presión bajo la que vivo por ser tu hija y ¡lo detesto! Ya ni sé si quiero ser cristiana".

La respuesta que obtuve de mi padre vino a gatas por el suelo, poniendo su cara y manos sobre mis rodillas y diciendo, "Britt, lo dejaré todo hoy. Dejaré mi trabajo de ser pastor. Volveré a ser trabajador social porque mi meta al final de esto es que tú, tu madre y tus hermanos estén al otro lado. Eso es todo lo que me importa. Si para ti el hecho de que yo sea pastor te produce tanta presión, lo dejo hoy mismo".

Mi padre enfatizó el hecho de que su relación conmigo era más importante de lo que jamás pudiera hacer para ganarse la vida, más que dónde vivieran o de a lo que se dedicase. En ese momento, empecé a darme cuenta de que yo era la cosa más importante y que era una prioridad en sus vidas.

¿Saben tus hijos cuáles son tus prioridades? ¿Cómo puedes mostrarles que son una prioridad, como la respuesta de Danny a Britt?

¿Cómo hubieras respondido en su situación?

....

....

....

....

....

TEMOR Y CONTROL

- Cuando tus hijos están cegados por el temor, la soledad o la presión a la que se someten a sí mismos, pierden el sentido de quién son.

- Cuando estás asustado no puedes ser tú mismo.

Enfado...

- es un falso poder
- te hace sentir poderoso
- invade los límites
- te obligará a establecer límites en vez de solucionar un asunto

Si tiendes a una personalidad más agresiva o un procesador verbal, pregúntate antes de responder airado, "¿Voy a querer arreglar el embrollo que estoy a punto de crear con mis palabras o me puedo callar y ordenar mis pensamientos?"

"Ningún problema es más importante que tu relación con tu hijo".

~ Sheri

¿Es normal para ti responder enfadado? ¿Cómo puedes cambiar eso?

¿Puedes pensar en alguna ocasión en la que hablaste enfadado y creaste un embrollo? ¿Cómo lo arreglaste?

....

....

....

....

....

....

....

....

....

LOS DESAFÍOS

Puntos de Desafío

Soledad de adolescente/Presión del grupo

Castigar con enfado o retrayendo tu afecto

Presión personal o presión exterior

Temor incontrolable

Libertad después del fracaso

- Tus hijos están intentando ser individuos en un mundo en el que es difícil serlo.
- La ansiedad, el temor y el castigo causarán una desconexión en la relación.
- El mejor momento para arreglar un asunto es cuando estás conectado, no cuando no lo estás.
- Hay dos formas principales en las que la gente castiga; una es con enfado y la otra es retrayendo el afecto.
- Tu hijos necesitan saber que son exactamente aquello para lo que Dios los ha creado y tú no quieres que sean otra persona.

"Hay presión personal a la que me someto al ser la hija de Danny Silk. Siendo realista, la presión a la que me sometí como si fuera mía era una mentira que decidí creer. Tuve un momento de debilidad en el que dejé que las palabras de otro determinaran mi vida en vez de creer quién soy y lo que siempre me han reforzado tanto mis padres como el Señor"

~ Brittney

La libertad hace que nuestra responsabilidad personal salga a la superficie. O nos levantamos con ella o perdemos nuestra libertad. La única manera de cultivar la libertad es experimentando y aprendiendo cómo manejar cada vez más opciones. Gestionar un número creciente de opciones es la manera de expandir nuestras vidas a una abundancia creciente.

¿Ves alguno de estos puntos de desafío en la vida de tu hijo? ¿Cómo puedes ayudarle a tratar con ellos?

¿Cómo ayudas a tu hijo a convertirse en el individuo que Dios creó?

PERMANECER CONECTADO

- La mejor forma en la que ser padre para tu hijo es... como mejor funcione entre ambos.
- Nadie tiene hijos perfectos, ni siquiera Dios y Él es el MEJOR Padre de la historia.
- Cuando tienes miedo y estás sobrecogido, necesitas permitir el acceso a alguien para que te pueda ayudar y orar por ti.
- Está bien decir a tus amigos que estás luchando.
- Los padres necesitan permanecer unidos.
- Puedes volver a conectar con tu hijo si compartes lo que hay en tu corazón.
- Después del fracaso hay libertad.

Ama como si vas a salir lastimado. Si no lo haces, tu corazón, probablemente no esta completamente

"Es bastante posible que esta personita que traje al mundo pueda hacerme más daño que cualquier otro en el Planeta, pero yo voy a amar a lo grande".

~ Sheri

¿Tienes alguien más en tu vida con el que puedas ser auténtico y con el que puedas compartir tus luchas y temores? De no ser así, ¿cómo te puede beneficiar esto?

¿Cómo puedes permanecer conectado a través de los desafíos?

¿Cuáles son algunas formas que hayas descubierto en la que necesites educar a tu hijo de manera diferente? (por ejemplo, lo que funciona con un niño no funciona con otro). Explícate.

FORTALECE TU CONEXIÓN

¿Cuál es la fuerza de tu conexión?

La relación con tu hijo es como una cuenta corriente y la conexión es lo que has invertido. Cuando llega el momento de retirar fondos, ¿lo aguantará tu relación? Si vas a retirar 100 € y solo has invertido 5€, vas a estar en números rojos. Debes saber que tu conexión y lo que depositas en tu relación es crucial.

El amor es mejor que las normas.

- Tus hijos necesitan saber que se merecen la inversión que estás haciendo en ellos.
- Llena tu cuenta corriente de amor.
- La conexión es la mayor prioridad.

- Tu hijo debería poder mirarte a los ojos, ver amor y saber qué sientes por él.

- Cuando tu hijo está luchando o fracasando, quieres estar a su lado porque si no, no recibirá lo que puedes ofrecerle.

En la historia del hijo pródigo, este muchacho comete el peor error de su vida. Es el único lugar en la Biblia en el que se ve el cuadro de un padre corriendo. ¿Dónde quieres que esté tu padre cuando estás fallando? Quieres que esté justo a tu lado.

Normas sin relación acaban en rebellón.

Bill Johnson

Salmo 32:8-9 *"Te haré entender, y te enseñaré el camino en que debes andar; sobre ti fijaré mis ojos. No seáis como el caballo, o como el mulo, sin entendimiento, que han de ser sujetados con cabestro y con freno, porque si no, no se acercan a ti".*

¿Cómo de fuerte es tu conexión... tan fuerte como un pañuelo de papel o como un cinturón de cuero?

¿Qué depósitos has efectuado en la vida de tu hijo?

¿Dónde está tu depósito de amor? ¿Está el piloto encendido? ¿Está el nivel bajo? ¿Cómo lo puedes llenar?

¿Cómo vas a trabajar para fortalecer tu conexión con tu hijo?

Debate estos asuntos con la clase o en grupos pequeños.

1. ¿Cómo es tu conexión con tu hijo?
2. ¿Cuáles son algunas formas de fortalecer esa conexión?
3. ¿Estás permitiendo que tus hijos tomen sus propias decisiones? ¿Qué está estorbando?
4. ¿Cómo das poder a tus hijos mediante la libertad una vez que han fallado?

Emplea algo de tiempo esta semana para responder las siguientes preguntas y aplica los conceptos que has aprendido en esta sesión.

1. Tras haber evaluado tu conexión, ¿cómo te sientes? ¿Hay algún área en el que debas mejorar?
2. Piensa sobre algunas situaciones en las que das más valor a las normas que a tu relación. ¿Cómo puedes expresar la prioridad de tu conexión?
3. Haz una lista de éxitos en tu conexión con tu hijo; con tu cónyuge. ¿Dónde te has sentido totalmente conectado? ¿Cómo te sentiste?
4. Repasa esta sesión y escribe las respuestas a las preguntas bajo el epígrafe REFLEXIONA de tu manual.

sesión
seis

Amando a Nuestros Preescolares A Propósito

sesión

seis

AMANDO A NUESTROS PREESCOLARES A PROPÓSITO

Moldeando la Vida de los que Cambiarán el Mundo

Esta sesión trata de amar a nuestros preescolares a propósito. Está dirigida específicamente a los padres de niños pequeños y preescolares, pero muchos de los conceptos y ejemplos pueden aplicarse a todas las edades.

ASUNTOS DEL TEMA

- **Destrezas primordiales que perfeccionar con preescolares**
- **Ejemplos de preescolares**
- **Padres poderosos/Preescolares poderosos**
- **Preguntas y respuestas para preescolares**

DESTREZAS PRIMORDIALES A PERFECCIONAR CON PREESCOLARES

Edificar confianza y un lugar seguro

Enseñar auto-control

Crear respeto

Compartir el control

Controlarte

Educar a preescolares es la verdadera prueba de ser padre. Es como una conspiración y estos pequeños invasores han llegado con un chip en su cuerpo y están diseñados para invadir el Planeta. Están intentando dilucidar qué se espera de ellos en este nuevo Planeta y cómo vivir en armonía con otros terrícolas. Es importante que como padres creemos confianza y un lugar a salvo de nuestra ira, castigo y frustración para estas personitas.

Tenemos que enseñar a nuestros preescolares a controlarse porque piensan que están aquí para controlarnos. Si no prestamos atención, eso es exactamente lo que va a ocurrir. Terminaremos enseñándoles que controlan nuestra vida emocional y nuestra felicidad.

Queremos que nuestros hijos entiendan que:

- Son poderosos.
- Tienen decisiones que tomar.
- Son responsables de sus decisiones desde temprana edad.
- Tenemos el control compartido.
- Tú te controlas a ti y yo me controlo a mí.

Nuestra tarea es gestionarnos y enseñar a nuestros hijos a gestionarse. Hay dos personas en esta relación y tú requieres respeto. Tenemos que compartir el control con nuestros hijos y recordar que esta práctica del auto-control es también para nosotros.

Ceder tu control, emociones y la calidad de tu vida a alguien que sigue manchando los pañales es un gran error.

Ejemplos de Preescolares

Delani y el Retrete, contado por Britt

Los Pantalones Cortos en la Nieve de Taylor, contado por Danny

Diversión o Habitación

Delani y el Retrete

Mi hija, Delani, tenía unos cuatro años y estaba bien informada de cómo funcionaba el asunto de usar el retrete. Una cosa con la que estaba teniendo dificultades era la cantidad de papel higiénico que debería usarse. Empezamos a enseñarla, diciéndola hasta la cantidad de cuadraditos, porque iba a la guardería y estaba aprendiendo a contar. Aquí estábamos y ella era totalmente capaz de utilizar la cantidad apropiada de papel higiénico. Pero en esta ocasión, por la razón que fuese, me di cuenta de que se había convertido en un juego. Ponía grandes cantidades de papel higiénico y parecía que lo hacía cuando papá no estaba en casa. Era un gozo supremo observar la reacción que podía obtener de mí al intentar desatascar todo un rollo de papel del retrete.

Un día, fui al baño y lo volví a ver. Mi dulce ángel había utilizado casi un rollo entero de papel higiénico. Pensé, "Esto no me está resultando divertido. Siempre estoy arreglando este jaleo". Por lo que dije, "Oye, cariño, ¿qué piensas de este retrete? ¿Piensas que tragará o no?" Dice, "Seguramente no". Dije, "Bien, ahora mamá tiene que usar el retrete, y ya que te amo, te voy a dar una opción. ¿Te gustaría limpiarlo antes de que mamá use el retrete o después de que lo use?" Me miró como si estuviese loca y dice, "¡Asco!". "Entonces, ¿prefieres antes?" "¡SÍ!" "Bien, cariño, lo que va a pasar es que voy a necesitar que saques todo ese papel higiénico del retrete. ¿Quieres hacerlo con tus manos desnudas o con una bolsa de plástico cubriéndote las manos?" La boca se le abre de par en par. "¿Qué?" "¿Con las manos desnudas o con una bolsa de plástico?" Ya que esta niña es un genio, decidió usar la bolsa de plástico. Aquí estaba pescando papel higiénico del retrete mientras lloraba y se quejaba sin parar. Lo saca todo y el retrete traga perfectamente. No necesité usar el desatascador y no tuve que limpiar nada.

La próxima vez que fue al baño y estuvo ahí más tiempo del necesario, dije, "¿Qué está pasando en el baño?" Respondió, "Está todo bien, mamá, por si lo dudabas. No he usado demasiado".

Observar cómo tu hija de cuatro años pilla el concepto de que "esto no me divierte" para después experimentar el peso de su decisión y vivir sus consecuencias a la edad de cuatro años… ¡es poderoso!

~ Brittney

¿Qué lecciones piensas que aprendió Delani de su experiencia limpiando el retrete?

¿Cómo piensas que esto la ayudará en el futuro? ¿Cómo puedes aplicar esto a una situación que estés teniendo en casa?

Los Pantalones Cortos de Taylor en la Nieve

Cuando nuestros hijos eran pequeños, vivíamos en un lugar llamado Monte Shasta. Para ellos era una experiencia muy peculiar cuando nevaba durante la noche. Una vez nevó casi un metro y medio de nieve durante la noche. Brittney tal vez tenía ocho años, Levi cuatro y Taylor unos dos años. Salieron corriendo hacia la ventana del frente de la casa y estaban enamorados de lo que estaban viendo. ¡Era precioso! Un metro y medio de nieve durante una noche es precioso. Es como, ¡genial! Así que Brittney fue a su habitación y tomó sus botas, sus pantalones de nieve, su chaqueta, sus guantes y su gorro. Sale por la puerta principal. Después viene Levi con sus botas, sus pantalones de nieve, su chaqueta, su gorro y sale por la puerta. Aquí viene Taylor. Tenía sus botas, su chaqueta, sus guates y sus pantalones cortos y se dirige hacia la puerta principal. Sheri y yo queríamos pararlo. Estábamos pensando, "¡Ay, madre mía! ¡Está cometiendo un error! ¡Está tomando una decisión pobre! Este niños se va a morir si sale al frío con sus pantalones cortos". Nos miramos el uno al otro y el niño salió.

Brittney y Levi estaban jugando en la nieve y estaban por todas partes. Taylor estaba de pie en el porche observando. Nosotros estábamos en la ventana del frente mirando al porche, observando y esperando. Al muy poco tiempo, vuelve a entrar y nos encontramos con él en la puerta principal. "Taylor, ¿no quieres salir y jugar en la nieve?" Dice, "Tengo que ponerme unos pantalones. Hace fríiiiiiiiiiiio".

¡Madre mía! ¡Este niño de dos años es un genio! Está intentando averiguar qué puede hacer con sus piernas frías.

Algunos pensarán, "Bueno, mi hijo se hubiera quedado fuera en la nieve". Tal vez tengas que rescatarle de la congelación, pero esa sensación de ardor en sus piernas es un don de Dios enseñándole sobre sus decisiones.

A veces debes permitir que una experiencia o consecuencia enseñen; entonces tendrán algo que recordar sobre su última decisión pobre, en vez de tener un adulto gritón o frustrado.

Es importante presentar la libertad a tus hijos cuando son pequeños y permitirles practicar equivocándose teniendo una red de seguridad en su propio hogar. Debes crear un lugar seguro en el que puedan fallar, descubrir quién son y aprender sobre la vida.

Establecer límites ayuda a crear un lugar seguro

¿Qué tipo de experiencia tuvieron tus hijos al tomar una decisión pobre? ¿Qué recordarán? ¿Qué quieres que recuerden?

DIVERSIÓN O HABITACIÓN[1]

La frase "diversión o habitación" fue acuñada por Love and Logic ®. Se puede usar para enseñar a tu hijo a asociar su comportamiento con las palabras "no es divertido". "¡A mamá no le divierte! ¡A papá no le divierte! Eso que estás haciendo... no es divertido".

Cuando tus hijos están comportándose de tal manera que no es "divertido" para ti, puedes darles una opción... diversión o habitación. Pueden escoger empezar a ser divertidos y no seguir con ese comportamiento que "no es divertido" o pueden escoger ir a su propia habitación. Como padre, estás estableciendo límites y comunicando a tu hijo lo que es necesario para estar contigo. Empezarán a darse cuenta de que hay dos personas en esta relación.

El desafío es dar a tu hijo una opción que permita que se sienta poderoso y responsable de su decisión. Es fácil quitar el poder y ordenarle que obedezca.

- "Divertido estar contigo" también desemboca en lecciones de auto-control para los pequeñines.
- Al decir "diversión o habitación", estás ofreciendo dos opciones a tu hijo, lo que hace que se sienta poderoso.
- Si no escogen ninguna de las dos o no creen que tú eres poderoso, puedes empezar a ofrecerles dos opciones más, "Decides tú o decido yo".
- Si siguen sin escoger ninguna de las dos y no creen que tú eres poderoso, puedes a acercarte a tu hijo y ofrecerle dos opciones más, "Quieres que tus pies toquen el suelo o prefieres que no lo toquen".
- Si siguen sin moverse, tal vez tengas que ayudarles llevándolos a cuestas a su habitación.
- Si te encuentras con que vuelven a estar en tu presencia y no se están quedando en su habitación, que por supuesto será lo que ocurra, puedes empezar con la primera opción de nuevo... diversión o habitación.

"Mi hijo, Taylor, es el más joven. Fue educado de esta manera desde que nació. Una vez, cuando tenía dos años, estaba intentando sacar su vaso entre las rendijas del escurreplatos del lavavajillas. Empezó a ponerse nervioso. Dije, "Oye, oye, ¡no es divertido! ¿diversión o habitación?" Me sonrió y dijo, "¡Diversión!" En un segundo escogió diversión. Verás, los niños son increíbles. Tienen auto-control y

[1] Love and Logic ®

poder para pensar y solucionar un problema de formas que, muy frecuentemente, no esperamos que ejerciten, por lo que no lo hacen. Dales la oportunidad y estoy seguro de que te impresionarán".

"Put yourself in your room if you are being no fun!"

~ Sheri

¿Ves algunos de estos puntos desafiantes en la vida de tu hijo? ¿Cómo puedes ayudarle a tratar con ellos?

¿Cómo afirmas a tu hijo para que sea el individuo que Dios creó?

....

....

....

....

....

....

"Diversión o habitación es mi herramienta favorita con nuestra niña de dos años.
No aguanto bien el lloriqueo ni que se sea cruel conmigo.
Me encanta tener algo que sea tan efectivo y, a la vez, tan sencillo".

~ Brittney

PADRES PODEROSOS/PREESCOLARES PODEROSOS

Ingredientes clave para ser un padre con éxito:

- Conexión: de corazón a corazón
- Dar poder: "¿Qué vas a hacer?"

- Lugar seguro: "Puedo soportar tus errores"
- Amor incondicional: "Nada te puede separar de mi amor"

Padres Poderosos:

- Crean un lugar seguro para que sus hijos practiquen la gestión de sus opciones.
- Dan poder a sus hijos como miembros de la familia para que sepan lo poderosos que son en sus relaciones.
- Enseñan a sus hijos la importancia de su conexión.
- Muestran a sus hijos, mediante la experiencia, que ellos, como padres, van a proteger el corazón de sus hijos.
- Siembran semillas para proteger el corazón de sus hijos, esperando una cosecha que va a proteger el suyo también.
- Aprenden lo que cada uno necesita.
- Se gestionan mientras sus hijos están aprendiendo cosas sobre ellos mismos.

El desafío para los padres es permitir que sus preescolares aprendan lo que significa gestionarse a sí mismos.

Pasos para crear un preescolar poderoso:

- Ofréceles opciones
- Permite que piensen y solucionen problemas
- Permite que se equivoquen en tu presencia

Los preescolares poderosos deben saber:

- Puedo soportar quién eres
- Puedo soportar tus malas decisiones
- Puedo soportar tus fracasos
- Puedo soportar que estás en un viaje de aprendizaje
- Te voy a honrar
- Voy a tener en mente tu necesidad de libertad como ser humano en tu relación conmigo

Los hijos te enseñarán cuál es tu capacidad de amar.

¿Te sientes poderoso en tu relación con tu preescolar? Explícate.

¿Cómo se te da ofrecer opciones? ¿Puedes pensar en diferentes maneras de incorporar opciones? Por ejemplo: haciendo la compra, vistiéndose, las comidas, ayudándoles con sus quehaceres diarios, etc.

¿Cuáles son algunas áreas en la vida de tu hijo en las que puedes permitirle ser más responsable y equivocarse en el lugar seguro que tú has creado... donde las consecuencias no son demasiado costosas?

....

....

....

....

....

....

....

....

....

"Algunos están en el meollo de esta cuestión. ¡Vas a lograrlo!"

~Danny

PREGUNTAS Y RESPUESTAS PARA PREESCOLARES

Nuestra audiencia nos proporcionó estas preguntas durante el rodaje de esta serie.

P: ¿Cómo puedo incorporar los conceptos de momentos molestos en niños de tres a cinco años de manera que puedan entenderlos?

R: *Momentos molestos es una herramienta de Love and Logic ®que se utiliza* *cuando tú, como padre, te sientes molesto. El niño te tiene que compensar el tiempo que te has sentido así. Si te has sentido molesto durante tres minutos, te tienen que compensar por esos tres minutos. Se tienen que sentar en una silla, no se pueden levantar ni hacer ningún tipo de ruido durante tres minutos. Si lo hacen, el tiempo comienza de cero.*

Una vez nos sentimos molestados por Delani durante mucho tiempo por lo que se tuvo que sentar en una silla durante media hora; lo hizo porque sabía cómo funcionaba ese sistema.

- Momentos molestos se trata de que tu hijo te compense tu tiempo.
- Van a experimentar lo que tú has experimentado cuando te estaban molestando.
- El propósito es darles una opción cuando estás haciendo la compra, en el automóvil, en la iglesia, etc. Puedes decir, "¿Estás seguro de que quieres molestarme ahora mismo?"
- Tienen un archivo en su cabeza y pueden preguntarse lo que ocurrió la última vez que te molestaron.
- Esto no es una amenaza, no vas a seguir con... "Quédate sentado o te doy una torta". O, "Voy a parar este automóvil en un segundo y voy a pegarte". Cuando llegues a casa es cuando implementas la consecuencia.
- Cuando tus hijos son mayores, puedes usar esto para intercambiar tareas con ellos. Si no están haciendo sus tareas, puedes darles una más difícil. Puedes decir, "Me siento molestado ahora mismo, por lo que voy a cambiar mis tareas contigo".

"Una cosa que siempre cuento a mis amigos o padres que me piden consejo es asegurarse de que tus hijos te creen. Si dices, "Me siento molestado" o "diversión o habitación", y no sigues con el asunto, tu hijo va a darse cuenta de que es un farol. Asegúrate de que cuando dices algo, lo dices de verdad".

~ Brittney

P: ¿Puedes pegar a un niño pequeño?

R: *Sí, pegar no es algo que esté excluido de este proceso, pero es una parte muy* *pequeña del mismo. Si siempre estás pegando a tu hijo, es una pista de que no está funcionando. Pegar se reserva para cuando tu hijo está fuera de control y está teniendo una pataleta. Pegar solo se utiliza para ayudar a tu hijo a volver a controlarse.*

Ejemplo:

Padre: *¿A o B?*
Hijo: *Buaaaaaaa*
Padre: *¿A o B? Decides tú o decido yo.*
Hijo: *Buaaaaaaa*
Padre: *¿Quieres controlarte o necesitas mi ayuda?*
Hijo: *Buaaaaaaa*
Padre: *No hay problema. (¡Zas!) ¿Es suficiente o necesitas otra?*
(Pegar es tan solo un "zas")
Hijo: *(lloriqueando) Es suficiente.*
Padre: *Bien, deja que te sostenga y luego volveremos a ¿A o B?*

La razón para pegar es ayudar a tu hijo a volver a tener auto-control.

- La opción antes de pegar es, "¿Vas a controlarte o necesitas mi ayuda?"
- Cuando presentas la opción ¡Zas! Vas a preguntarle, "¿Es suficiente o necesitas otra?" Siguen siendo poderosos. Tienen una opción.
- No se trata de que tú como padre te hayas hartado y ¡zas! ¡zas! ¡zas!
- Diversión o habitación se puede utilizar como opción cuando estás en casa.
- La única razón para pegar es para ayudar a tu hijo a volver a la posición en la que puede volver a decidir.
- Si permito que pierda los estribos, esto se convertirá en su forma de manipular cada situación.

Habla de estos asuntos junto con la clase o en grupos pequeños.

1. ¿Cuáles son algunas áreas comunes de lucha con tu preescolar? Comparte con tu grupo algunas ideas que hayas aprendido en esta sesión que puedan ayudarte en estas áreas.
2. Del 1-10, valora cuánta libertad piensas que das a tu hijo. Piensa en maneras en las que puedas permitir que tengan más libertad por medio de las opciones.
3. ¿Cuáles son algunas áreas en las que los límites se tienen que establecer? ¿Cómo vas a comunicar eso a tu hijo?
4. ¿Puedes ver áreas en las que tu hijo te está enseñando auto-control? En el pasado, ¿cómo se te ha dado responder en amor y proteger tu conexión con tu hijo?

Emplea un tiempo esta semana para responder a las siguientes preguntas y aplica los conceptos que has aprendido en esta sesión.

1. ¿Cómo muestras a tu preescolar que tienes límites? ¿Cuáles son algunos de los límites que has establecido para ti mismo? ¿Y para tu hijo?
2. Habla sobre tu respuesta al oír la historia de Delani y el papel higiénico. ¿Qué pensaste? ¿Qué aprendiste? ¿Qué sientes sobre esta forma de ser padre?
3. ¿Qué tipo de experiencia tienen tus hijos después de haber hecho una decisión pobre? ¿Qué recordarán? ¿Qué quieres que recuerden?
4. Repasa esta sesión y escribe las respuestas a las preguntas bajo el epígrafe REFLEXIONA de tu manual.

sesión . siete

Amando a Nuestros Escolares A Propósito

sesión • siete

AMANDO A NUESTROS ESCOLARES A PROPÓSITO

Moldeando las Vidas de los que Cambiarán el Mundo

Esta sesión trata de amar a nuestros hijos en edad escolar a propósito. Está especialmente dirigida a padres de niños en edad escolar, pero algunos de los conceptos y ejemplos se pueden adaptar a todas las edades.

ASUNTOS DEL TEMA

- **¿Cansado o Necesitas Algo que Hacer?**
- **Ejemplos Elementales**
- **Destrezas Principales a Perfeccionar con Niños en Edad Escolar**
- **Padres Poderosos/Hijos Escolares Poderosos**
    - *Ingredientes Clave para Ser un Padre de Éxito*
- **Preguntas y Respuestas para Niños en Edad Escolar**

¿CANSADO O NECESITAS ALGO QUE HACER?

Cuando Delani tenía cinco años y estaba en la guardería, era la hora de acostarse. A menudo, este es el momento que Brittney y yo tenemos para estar los dos juntos. Esta noche en particular, Delani decidió que quería estar levantada. Dijo, "¿Puedo beber agua? ¿Puedo comer algo? ¿Puedo…?" Se le ocurrieron todas las excusas para no irse a la cama y estar con nosotros. Al poco de observar esto, nos entrometimos preguntando a Delani, "¿Estás cansada o no?" Que es otra forma de decir, "¿Estás cansada o necesitas algo que hacer?" Eso es lo que significa para ella. Así que nuestra niña dice, "Quiero hacer algo porque no estoy cansada". "No hay problema. Tengo muchas cosas que hacer". Creo que fue durante el invierto por lo que hacía más frío en el garaje que en casa, lo que significa que era una gran oportunidad para que aprendiera. Antes de enviarla, preguntamos, "¿Quieres ponerte tu chaqueta o vas solo con el pijama? ¿Quieres ponerte las botas, o vas descalza?" La enviamos al garaje con una escoba para que aprendiese una lección. "Limpia todo este lío en el garaje, en el momento en el que acabes, dímelo. Si todavía no estás cansada, tengo más cosas que puedes hacer".

Barre, entra y dice, "He terminado. No estoy cansada". Esto ocurrió el mes o la semana en la que todavía no habíamos hecho la colada. Estábamos a punto de hacerla, se aproximaba el momento, pero todavía no habíamos llegado a ella. Teníamos el cuarto de lavadoras lleno de ropa sucia. Entré y dije, "Delani, ¿puedes separar la ropa clara de la oscura?" Se pasó los siguientes 20 minutos separando la ropa clara de la oscura mientras nosotros seguíamos viendo un película pasando tiempo juntos. Después de un tiempo, volvió con, "He terminado. No estoy cansada". Qué suerte la nuestra que teníamos más ropa sucia en el baño. "Muy bien. Ven aquí. Lo mismo… separa la ropa clara de la oscura… todo esto. Si no estás cansada, cuando termines ven a buscarme". Pasó media hora o 40 minutos y ya estábamos pensando, "Qué silencio. Algo ha cambiado. Algo es diferente". Fuimos al baño y ahí estaba dormida encima de toda la ropa sucia.

Nunca se ha olvidado de esto. ¡Jamás! La próxima vez que alguien dice, "cansado o no", se va a su archivo mental y recuerda la ropa sucia y piensa, "¡Estoy cansada!"

¿Cuál fue tu reacción inicial ante la historia de Ben y Delani sobre la hora de ir a la cama?

¿Cómo funcionaría esto con tus hijos?

Date cuenta de la relación entre Ben y Delani. ¿Siguieron conectados? ¿Tuvo que levantar la voz o entrar en una lucha de poder para que se fuese a la cama?

¿Cuál piensas que es la meta general?

EJEMPLOS ELEMENTALES

¿Diste de Comer al Perro?

Recuerdo una ocasión en la que estaba enseñando a padres de hijos en edad escolar. Había una madre que se acercó a mí y dijo, "Después de oír algunas de estas cosas, me las llevé a casa e intenté implementarlas al día siguiente. He estado teniendo una lucha con mi hijo de nueve años para que dé de comer al perro. Una y otra vez lo que termina ocurriendo es esto, '¿Diste de comer al perro?' Responde, 'Sí'. Después siento que me ha mentido porque no le ha dado de comer. Comprobaba el comedero del perro al día siguiente y preguntaba a mi hijo, '¿Cuándo vas a alimentar al perro?' Dar de comer al perro seguía siendo mi trabajo en vez del de mi hijo.

Te escuché y me fui a casa y dije, 'Alvin, ¿quieres alimentar al perro a las 3 o a las 4 de la tarde hoy?' Me dice, 'A las 4'. '¿Quieres venir a decírmelo o prefieres dejar una nota?' 'Dejar una nota'. Porque no va a hacer ni lo uno ni lo otro, ¿verdad? Dice, 'Maravilloso, en cuanto lea la nota sabré que lo has hecho'. Bien, pasan las 4 de la tarde y no hay nota alguna que diga… Di de comer al perro. Todo el mundo viene a cenar y él viene y se sienta en el extremo de su mesa y se da cuenta de que algo es diferente. Dice, '¿Dónde está mi plato?' Respondo, 'Oh, cariño, oye, todo el mundo tiene un comida cada noche y esta noche le he dado la tuya al perro. Hazme saber si quieres que alimente al perro por ti mañana por la noche'. Al día siguiente llegó a las 2 de la tarde y me dice, 'Oye, mamá, he dado de comer al perro'. Siguió así durante semanas hasta que se convirtió en una rutina".

¿Por qué? Porque es un genio. Sí, un genio. Muchas personas piensan, "Oh no, mi hijo no se puede pasar todas las noches sin cenar". Eso no es lo que ocurrió. Esto no hay que hacerlo más de una vez. Los niños son genios y las pillan al vuelo. Escríbelo o te olvidarás. Olvidarás pasárselo a tus nietos.

¿Cómo se transfirió el trabajo de la madre al hijo? ¿Cómo piensas que creció este niño después de esta situación? ¿De qué forma está haciendo esta madre que su hijo tenga éxito en la vida?

Oh No, Taylor está Llorando Otra Vez...

Recuerdo una vez cuando Levi tenía 11 años y Taylor tenía nueve. La rutina era que los chicos peleaban entre sí y Taylor terminaba llorando. Me di cuenta de que esto no se debía a que fueran muy brutos el uno con el otro. Levi había sido educado para no hacer daño a su hermano.

Empecé diciendo…

Danny: Levi, oye. ¿Está llorando tu hermano porque lo has vuelto a hacer daño?

Levi: Empezó él. Lo hizo él.

Danny: Seguramente. Oye, ven aquí. Siéntate. ¿Qué vas a hacer?

Levi: ¿Decir que lo siento?

Danny: Bien, está bien. Taylor, ven aquí. Tu hermano quiere decirte algo.

Levi: Lo siento.

Danny: ¿Qué piensas, Tay? ¿Piensas que lo siente?

Taylor: ¡NO! Creo que quiere evitar tener problemas.

Danny: Oh, vaya. Bien, muchas gracias, amigo. Lo siento, Levi. Eso no te ha salido bien. ¿Qué más puedes intentar?

Levi: No lo sé. Voy a estar aquí sentado toda la eternidad.

Danny: Es posible. Cariño, ¿cuál piensas que es el problema? ¿Por qué estás haciendo daño a tu hermano constantemente?

Levi: Estaba enfadado con él. Siempre estoy enfadado con él.

Danny: ¿Qué ha pasad)?

Levi: No me deja jugar con sus amigos. Cada vez que vienen sus amigos, se va corriendo y no me deja jugar. Son desagradables conmigo. No puedo ser parte de sus amigos y ¡lo detesto!

Danny: ¿Tienes falta de perdón en tu corazón hacia tu hermano?

Levi: Sí.

Danny: Está bien. ¿Qué quieres hacer con eso?

Levi: ¡No lo sé!

Danny: Bueno, estar enfadado con tu hermano constantemente y estar amargado, ¿te está yendo muy bien o no tan bien?

Levi: No muy bien.

Danny: Bien, ¿quieres hacer algo al respecto y deshacerte de ello o seguir con ello?

Levi: Quiero deshacerme de ello.

Danny: ¿Cómo te deshaces de eso?

Levi: No lo sé.

Danny: ¿Deberías perdonarlo o piensas que deberías seguir así?

Levi: Perdonarlo.

Danny: ¿Lo quieres hacer solo o quieres ayuda?

Levi: Quiero tu ayuda.

Danny: ¿Quieres orar en voz alta o quieres que te dirija yo en oración?

Levi: Tú me puedes dirigir

Así que le dirigí por… perdono a mi hermano. No soy su castigador.

Danny: ¿Cómo piensas que se siente el corazón del Señor ahora mismo? ¿Está bastante contento o bastante triste con esto que ha estado pasando con tu hermano?

Levi: Bastante triste.

Danny: ¿Tienes que arreglar este lío con el Señor también?

Levi: Sí.

Danny: ¿Quieres hacerlo solo o quieres que te dirija en oración?

Levi: Quiero que me dirijas otra vez.

Así que lo vuelvo a dirigir en oración.

Danny: ¿Cómo te sientes ahora?

Levi: Me siento mejor.

Danny: Bien, ¿qué vas a hacer?

Levi: Tengo que volver a hablar con Taylor.

Danny: ¿Crees que te creerá?

Levi: Espero que sí.

Taylor está fuera jugando.

Danny: Oye, Taylor. Ven aquí. Tu hermano quiere decirte algo.

Levi: Taylor, siento haberte hecho daño. He estado muy enfadado contigo durante mucho tiempo. Te he perdonado y no sé si tú me perdonarás.

Taylor lo está mirando.

Taylor: Sí.

Danny: Vaya, parece que esta vez sí ha funcionado. ¿Cómo te sientes?

Levi: Mejor.

Danny: ¿Qué vas a hacer ahora?

Levi: No lo sé.

Danny: ¿Quieres ir a jugar o quedarte sentado más tiempo en la silla?

Levi: Ir a jugar.

Danny: Hasta luego.

¿Cómo piensas que el hecho de que Danny hiciese preguntas a su hijo lo ayudase a llegar a la raíz del problema? ¿Cuál es el papel del padre? ¿Qué piensas que aprendió Levi de esta situación?

"Enseñar a tus hijos a amar a sus hermanos es muy importante. Enséñales desde una edad temprana cómo afectan a alguien con sus palabras o acciones, especialmente a su hermano o hermana. Son grandes lecciones para aprender sobre cómo solucionar un problema o comunicar cómo se sienten en diferentes situaciones. He visto a muchos padres adaptarse a la idea de que 'bueno, saben cómo hacer que el otro salte y eso es lo que hacen los hermanos' en vez de enseñarles a comunicarse eficazmente. Recuerdo haber dicho a mis hermanos que me habían estado molestado y que me debían tiempo en el que yo pudiera molestarlos.

Ayuda a tus hijos a aprender también estas herramientas. No te las guardes para ti. Dales oportunidades para que se sientan poderosos con sus hermanos y hasta con sus amigos".

~ Brittney

DESTREZAS PRIMORDIALES A PERFECCIONAR CON NIÑOS EN EDAD ESCOLAR

Haz preguntas geniales

Ten un arsenal de opciones

No discutas - ¡jamás!

Responsabiliza a tu hijo

Arregla problemas

Prioriza tu conexión

- Céntrate en hacer muchas preguntas geniales.

- Enfatiza el impacto relacional del comportamiento del niño y cómo está afectando al mundo que lo rodea.

- Enseña a tus hijos a proteger las relaciones familiares y la prioridad de estas conexiones.

- Ayúdales a responsabilizarse a nivel relacional en vez de tan solo hablar de su comportamiento.

Suponte que tienes un perro que hace sus necesidades dentro de casa. Sacas al perro. Pegas al perro. Lo sacas al patio y dejas el excremento en casa. ¿No es eso ridículo? Así es como corregimos a nuestros hijos por su comportamiento. Muchas veces nos enfadamos, pero dejamos el excremento. El excremento es lo que le ocurrió a la relación que lo rodeaba cuando actuaron de esa manera en nuestra casa y en nuestra familia.

- Tenemos que enseñar a nuestros hijos a deshacer sus entuertos.

- Hay consecuencias relacionales que tienen lugar cuando mienten, abusan o son irresponsables. Se rompe la confianza. Se hieren los sentimientos.

- Enfatiza la prioridad de la conexión de corazón a corazón.

    ¿Cómo piensas que se siente tu hermano cuando actúas así?
    ¿Cómo piensas que se siente uno cuando le mienten otra vez?

Mentir no es tanto un asunto moral como un asunto relacional.

- No se trata de infligir dolor para controlarlos desde fuera; es adaptar esa cosa que tienen dentro que los está motivando a mentir, a hacer trampas o a hacer daño a los demás.

- Enséñales a arreglar una relación rota.

- Asegúrate de que se sientan poderosos ofreciéndoles opciones: ¿Qué vas a hacer?

- Permíteles arreglar sus líos y ayúdalos cuando no sepan cómo.
- Crea un lugar seguro para que puedan dilucidar esto.

¿Cómo ha afectado el comportamiento de tus hijos a las relaciones que los rodean?

¿Hasta qué punto crees que entiende tu hijo cómo sus acciones afectan a tu corazón? ¿Cuáles son algunas de las formas en las que se lo puedes mostrar?

¿Han creado líos que tú no has abordado?

¿Has tenido que tratar con la mentira en tu hijo? A la luz de esta sesión, ¿qué puedes hacer?

"De la misma manera en la que un niño es diferente de otro, lo son los padres.
Créate espacio para ser tú mismo en tu relación con tu hijo…
Sin tener que hacer todo como tu cónyuge.
Que lo básico siga intacto, pero permite que haya individualidad en la relación".

~Sheri

PREGUNTAS Y RESPUESTAS PARA NIÑOS EN EDAD ESCOLAR

Estas preguntas las aportó nuestra audiencia durante el rodaje de esta serie.

P: ¿Cómo trabajamos con niños con necesidades especiales como el autismo o el déficit de atención?

R: *Gran parte de lo que compartimos y enfatizamos es, en líneas generales, lo que podrías esperar de cualquier niño durante su desarrollo. Después hay situaciones extenuantes que requieren otros recursos y grados de conocimiento. Tenemos diferentes dinámicas como la química cerebral, las decisiones que han tomado los padres, el divorcio, la separación, la muerte de uno de los cónyuges, familias mixtas, niños medicados, niños con diferentes desafíos, etc. Siempre me referiré y los diferiré a los expertos que tengan a su alcance allá donde viven. Si intentas gestionar estas situaciones de forma general, terminarás frustrándote.*

Cada niño necesita sentirse seguro, conectado y poderoso. Estas son las necesidades básicas que tiene cada niño, pero van a existir situaciones en las que tendrás que incluir a los profesionales. Hay personas que han sido enseñadas e instruidas para ayudarte a crear estructuras o utilizar diferentes terapias que te ayuden a suplir las necesidades de los niños que se salen de estas pautas generales.

P: ¿Cómo gestionas el tema de los deberes?

R: *Con Delani es así como lo hago, "¿Quieres hacerlos ahora o dentro de 10 minutos?" Le doy opciones para empezar. O digo, "¿Quieres hacerlos conmigo o prefieres hacerlos sola después de la cena?" Siempre le doy muchas opciones en el proceso de decisión. A veces dice, "No me puedo acordar, no me acuerdo, o no puedo leer". Se convierte en un proceso de lloriqueo y básicamente me está diciendo, "Hazlo tú". Los deberes de mi hija se convierten en los míos. Por lo que digo, "Me encantaría ayudarte cuando sienta que estás trabajando tú más que yo en tus problemas. El requisito es que me lo pidas amablemente y que lo intentes tú primero".*

- Ofrece muchas opciones y límites.

- Haz todo lo posible para que se sientan poderosos en el proceso de toma de decisiones al tener que hacer los deberes. "¿Quieres usar un bolígrafo o un lápiz? ¿Quieres hacerlos en el salón o en la cocina?"

- Asegúrate de hacerlo tan divertido como sea posible..

P: ¿Qué hacemos cuando los niños se dan cuenta de las herramientas que estamos usando y ya no funcionan?

R: *Quieres que tus hijos aprendan con las herramientas. Esto no se trata de manipular. Cada persona está al corriente de lo que está pasando. Estamos responsabilizándonos de nosotros mismos en la relación. Estamos aprendiendo juntos sobre la vida y cómo crear conexiones fuertes de amor, respeto y honor. No quiero que nadie crea que eso es un secreto.*

Recuerdo cuanto Taylor tenía 17 años y quería algo e intentó discutir conmigo.

Dice, "¿Por qué? No me lo puedo creer. Es una tontería tan grande. No puedo creer que pienses... ¿por qué?" Dije, "Probablemente". Dijo, "Ah, esta conversación se ha terminado". Y eso es totalmente cierto, nunca discutiré contigo.

En el momento que digo, "Probablemente", sabe que esta discusión ha terminado y no voy a entrar en una lucha de poder. Aprenden que no te pueden controlar y que no vas a intentar controlarlos.

- Si envías mensajes sarcásticos en reacción a lo que dice tu hijo, estás agrandando el problema.
- Necesitas mantener tu amor encendido y disminuir el nivel de ansiedad para que funcione.
- ¡No es un truco!

Debate estas preguntas en clase o en grupos pequeños.

1. ¿Cuáles son algunas de las formas en las que puedes dar poder a tus hijos para que se enfrenten a las consecuencias de sus decisiones?
2. ¿Qué maneras creativas aprendiste de las historias que se han compartido sobre cómo tratar con un asunto? Compártelas y habla sobre formas en las que se pueden aplicar a tu situación.
3. ¿Cuáles son algunas formas en las que puedes ayudar a enseñar a tu hijo la prioridad de una conexión de corazón a corazón??

Invierte un tiempo esta semana para responder a las siguientes preguntas y aplica los conceptos que has aprendido en esta sesión.

1. Escribe un plan sobre cómo vas a ayudar a tu hijo a que arregle sus líos.
2. Invierte tiempo con tu hijo para crear una conexión de corazón a corazón con él.
3. ¿Con qué problema estás lidiando ahora mismo? Haz un plan de lo que vas a hacer la próxima vez que ocurra.
4. Repasa esta sesión y escribe las respuestas bajo el epígrafe REFLEXIONA de tu manual.

sesión

ocho

Amando a Nuestros Adolescentes A Propósito

sesión
ocho

AMANDO A NUESTROS ADOLESCENTES A PROPÓSITO

Moldeando las Vidas de los que Cambiarán el Mundo

Esta sesión trata de amar a nuestros adolescentes a propósito. Está dirigida en particular a los padres de adolescentes, pero algunos de los conceptos y ejemplos se pueden adaptar a todas las edades.

ASUNTOS DEL TEMA

- **Introducción**
- **Destrezas Primordiales a Perfeccionar con los Adolescentes**
- **Ejemplos de Adolescentes**
- **Ingredientes Clave para ser un Padre de Éxito**
- **Confianza/Influencia de un Padre**
- **Preguntas y Respuestas para Adolescentes**

INTRODUCCIÓN

Ser padres de adolescentes puede ser un desafío porque, ahora más que nunca, están a punto de ser adultos. Es difícil compartir un espacio vital con alguien que está en proceso de separarse de ti y que generalmente no quiere lo que tú quieres. Una de las tareas en el desarrollo de un adolescente es encontrar una forma de no ser como tú. No es nada personal, tan solo que tienen que averiguar quién son ellos. La primera cosa con la que se van a comparar es contigo para descubrir lo diferentes que son de ti.

En esta etapa de la vida, también tienen necesidades que van a intentar suplir… necesidades de libertad, validación, independencia, conexión con el género opuesto, etc. Halla una manera saludable de permanecer conectado y de proteger la relación mientras todo esto ocurre. No quieres desconectarte mientras tu adolescente está intentando suplir estas necesidades.

DESTREZAS PRIMORDIALES A PERFECCIONAR CON LOS ADOLESCENTES

Enfatiza la conexión

- La conexión es tan importante, especialmente en esta época de la vida.
- El amor, el respeto, el honor y la conexión son lo que mantiene a tu familia unida.
- Expresa lo que necesitas.

Dales Poder para Tomar Decisiones

- Si no compartes el control, te será arrebatado de las manos.
- Si no sabes cómo darles poder, te dominarán.
- Necesitan poder, confianza y ser capaces de tomar decisiones sobre sus vidas.

Edifica Gratitud

- Cultiva el agradecimiento.
- Ser agradecido es muy importante; prepáralos para decir, "gracias".

- Ayúdales a entender que hay fuerza en tu vida que se está derramando en la suya y que los ayudará y hará que su vida tenga más éxito.

Invítales a Pensar

- Quieres que piensen y no quieres pensar por ellos.
- Esta es una gran oportunidad para que les hagas saber lo que estás pensando, qué te gusta y cómo estás viendo la situación.
- Invítales a decirte lo que están pensando, pero debes estar preparado. Si empiezan a decirte lo que piensan y tú empiezas a pisotear cada cosa que te asusta, dejarán de decirte lo que piensan.

Intentar decir a tu adolescente lo que debe pensar es la vía rápida para llegar a una discusión.

- Pregunta: ¿Qué piensas sobre esto? ¿Qué te parecería aquello?

Gestiona los Permisos, las Oportunidad y tus Recursos

- Tú no controlas a tu adolescente, pero sí controlas tus permisos, oportunidades y recursos… las cosas que tú has pagado.

"Controlar lo correcto, te beneficia; controlar lo incorrecto es un desastre. No controlas lo que piensan, lo que valoran ni lo que dicen".

~ Danny

¿Te has dado cuenta de que tu adolescente está convirtiéndose en sí mismo? ¿Cómo puedes ayudar y animarle en este proceso?

¿Se sienten conectados en su relación contigo? ¿Poderosos? ¿Escuchados? ¿Entendidos?

¿Son el amor, el respeto, el honor y la conexión cosas evidentes en tu familia? ¿Cómo podría aumentar? ¿Cómo estás gestionando tus propios recursos?

....

....

....

....

....

EJEMPLOS CON ADOLESCENTES

¿A Dónde Vas con esas Pintas?

He tenido el privilegio de enseñar a padres de adolescentes en los institutos locales. Una de mis historias favoritas es de una señora que contó que su hija de 14 años le preguntó si podían ir de compras juntas. Esta muchacha estaba floreciendo y empezaba a tener curvas y bultos. Salió de su habitación con estos pantalones súper cortos y un top por camiseta. Se le podía ver todo y fue andando por el pasillo hasta el salón. Su madre estaba pensando, "Bien. Lo tengo controlado. Lo tengo controlado". Muy bien. La madre fue a su habitación. Del cajón de abajo sacó, después de meter la mano en lo más profundo, unos pantalones cortos, porque su madre también había florecido con el paso de los años. La mamá se puso estos pequeñísimos pantalones cortos y la madre tenía mucho más que enseñar que la hija. Mamá tenía una blusita pequeña y estos pantalones cortos y también fue por el pasillo. La hija miró a su madre y dijo, "¿Dónde crees que vas vestida de esa forma?" La madre dijo, "Voy al centro comercial contigo". La hija dijo, "¡No voy a ir a ningún lugar fuera de esta casa mientras tú lleves esas pintas!" Mamá la miró y su hija dice, "¡No!" Su hija se fue a su habitación y se cambió de ropa.

La razón por la que me encanta esta historia es que esta madre confía mucho en la capacidad que tiene su hija para pensar. La madre sabe que si muestra a su hija lo que la madre está viendo, la hija va a llegar a la misma conclusión y hará los ajustes necesarios.

Es necesaria una gran cantidad de fe y creer en tus hijos para permitirles pensar y que solucionen sus problemas.

¿Qué piensas de esta historia? ¿Cómo dio la madre la media vuelta a la situación?

¿Cuáles son algunas áreas corrientes de lucha con tus adolescentes?

¿Cuáles son algunas formas creativas en las que podrías ayudarles a ver algo para que piensen y soluciones el problema?

"Al trabajar con adolescentes en el ministerio, veo a muchas personas, incluyéndome, que se atascan cuando su "Enorme Botón Rojo" es pulsado. Si podemos identificar cuál es nuestro botón y lo desconectamos, solucionará muchos de los problemas a los que nos enfrentamos".

~ Ben

Charla Sobre Drogas con Levi

Una vez fui a recoger a Levi del instituto cuando estaba cursando el segundo año. Se mete en el camión y estábamos conduciendo por la carretera cuando dice, "Detesto los lunes. Cada lunes todos mis amigos vuelven y hablan sobre lo que hicieron el fin de semana. Se emborrachan. Se drogan. Se acuestan. Esa es la conversación que oigo a mi alrededor cada lunes".

Por dentro estoy pensando, "¡Ayyyyyyy!" pero por fuera digo, "Vaya, qué mal. ¿Qué vas a hacer con eso?" Responde, "Me dan ganas de ir a fiestas, emborracharme y drogarme. No sé si me acostaría o no, pero quiero ver de qué va todo esto". Por dentro, "¡Ayyyyyyyyy!" Pero por fuera, "Ya. ¿Cómo te iría eso?" Dice, "No muy bien. Te haría daño a ti y a mamá, a Brittney y a Taylor y formaría un lío impresionante". Por dentro estoy haciendo el baile de la alegría, pero por fuera, "Ya. ¿Qué vas a hacer?" Dice, "Necesito amigos nuevos. Necesito rodearme de algunas personas que hagan otras cosas durante el fin de semana". Por dentro, "Bien", pero por fuera digo, "Ya, ¿cómo te iría eso?" Me dice, "Mucho mejor", dije, "Creo que tienes razón".

Tuve un par de oportunidades para explotar porque mi amígdala estaba a punto y pensé sobre el control. Levi estaba compartiendo las luchas que estaba teniendo en su mundo y yo necesitaba que él pensase y considerase las consecuencias para que midiera si seguía siendo algo que quería hacer.

- Se necesita mucha fe e impulso para confiarle tanto poder a una persona.

- La gente que está conectada considera el efecto de su decisión sobre las personas con las que están conectadas. Le gente que vive desconectada no lo considera.

- Cuando no hay conexión, en todo lo que pienso es en mí, porque no creo que le importe a nadie más.

¿Cómo pudo Levi compartir sus pensamientos y luchas con su padre?

¿Qué habilidades se utilizaron para guiar a Levi a su solución?

En tu relación, ¿consideraría tu adolescente tomar decisiones basándose en tu conexión y cómo te afecta a ti y a otros miembros de la familia?

Taylor y Su Noche Fuera de Casa

Una vez, cuando Taylor tenía 16 años, decidió, por la razón que sea, que no iba a venir a casa esa noche. Tenía 16 años y ya tenía carnet de conducir. Él tenía toda esta libertad… de llegar a casa a medianoche. Bueno, en esta noche en particular yo estaba enfermo. Estuve despierto toda la noche sin pasármelo para nada bien. Estaba en el sofá y me desperté a eso de la 1:30. No había oído a Taylor llegar y fui a su habitación para comprobarlo y él no había llegado a casa. Le envié un mensaje de texto, "Ha pasado medianoche. ¿Dónde estás?" No escuché nada. Me tumbé ahí y esperé su respuesta y me volví a dormir. Me volví a despertar a las 4:00. Seguía sin estar. Volví a enviarle un mensaje, "Si estás vivo, ¿llamo a la policía o prefieres que llame a todas las casas de tus amigos?"

Yo estaba muy enfermo y seguía sin pasármelo bien. Me volví a dormir en el baño y con el paso del tiempo, volví al sofá. Sheri se levantó a las 6:30. Dijo, "Parece que no te lo estás pasando bien". "Me parece que Taylor no ha vuelto a casa esta noche. ¿Puedes comprobarlo?" Así que Sheri fue a comprobarlo. No estaba ahí. Buscó su automóvil, no estaba ahí. Sheri empezó a llamar a las casas de sus amigos el sábado por la mañana a las 6:30. No pasó mucho tiempo antes de que todos los amigos de Taylor estuviesen despiertos buscándolo y nadie lo podía encontrar.

A las 8 de la mañana, Taylor entra por la puerta trasera de la casa y dice, "Se me murió el teléfono. Dormí en casa de mi primo". Dije, "Oh, qué contento estoy de que estés vivo. Dame las llaves del automóvil y el teléfono". Él reaccionó como si acabase de sacarle el corazón… porque lo había hecho. Tenía su corazón en mi mano. Tenía todo su mundo en mi mano. Ahora yo me sentía poderoso. Dije, "Hablaremos más tarde".

Se fue a la cama. Se levantó a las 11 de la mañana. Estaba caminando como si estuviera encarcelado. No es éste el muchacho con el que quiero hablar. Ya es la 1 de la tarde o así y suena nuestro teléfono. Dije, "Taylor, es uno de tus amigos". Taylor vino. "Oh, ¡eso es esta noche! ¡Madre mía! Sí, bien". Su amigo le acababa de recordar que había un torneo de video juegos Halo esa noche. Tenían camisetas iguales porque eran un equipo y unos cien amigos suyos iban a ir. ¡Taylor acababa de resucitar de entre los muertos! "Oye, mamá, papá. ¿Qué tal?" Estaba yendo por la casa abrazando a la gente. "Oye, papá, ¿puedo hablar contigo? ¿Podemos hablar?"

Este era el chico con el que quería hablar. Este era con el que quería tener una conversación. Dije, "Me encantaría, hijo mío". "Lo siento. Debería haber venido a casa anoche. Debería haberte llamado. Debería habértelo dicho. Lo siento". Dije, "Bien, ¿qué sientes?" "Bueno, no haber vuelto a casa". "¿Por qué es eso un problema?" "Porque los padres se preocupan. Tal vez no sabías dónde estaba". "No lo sabíamos. Estábamos muy preocupados". Dije, "¿Por qué es eso un problema?" "No lo sé. Porque no te quieres preocupar". "¿Ese es el problema, Tay? ¿Qué está pasando?" "¿Qué quieres decir? No entiendo lo que estás diciendo". Este muchacho había crecido en nuestro hogar. Lo habíamos hecho antes. "No entiendo. ¿Qué quieres decir?" A estas alturas estaba llorando. Estaba muy disgustado. "Me siento como si tuvieras a alguien en tu despacho y estás hablándome porque eres mi pastor o algo así". "¿Tienes miedo de que no vas a poder salir esta noche?" "Sé que no voy a poder salir esta noche". Dije, "Oh, puedo ver que estás muy asustado y muy disgustado, pero quiero saber cuál piensas que es el problema que te ha traído hasta aquí". "No lo sé, ¿por qué me estás haciendo tantas preguntas?"

En algún punto recibo otra llamada telefónica. Dije, "Tengo que responder a esta llamada, Taylor. Podemos hablar en el momento en que termine". Me fui y respondí la llamada y él se fue a su habitación y Levi está ahí. Le dice, "Papá está haciendo esa cosa". Levi dice, "Taylor, tienes que limpiar tu destrozo. Sabes qué hacer. Vamos". Termino con mi llamada y no voy a buscarlo. Estaba sentado yo en el sofá y él se acercó. "¿Podemos hablar?" "¡Por supuesto!" "Papá, no sé cuál es el problema. No sé lo que me ha traído aquí. No sé lo que intentas que diga"

"No estoy intentando que digas nada, Tay, pero ¿te puedo decir cómo me siento al verme tratado así? Bien, de alguna forma tu prioridad hacia tu mamá y hacia mí ha descendido y me siento que nos tienes muy poca consideración en tu vida. Tú tienes todas estas otras consideraciones, estas otras relaciones que estás cuidando muy bien, y tu mamá y yo estamos ahí abajo hasta el punto que no me haces saber dónde estás. Estaba atrapado con el temor de que tal vez te habías muerto o dañado y no puedo contactar contigo. Estaba atrapado ahí a causa de tu baja consideración hacia nosotros y tu bajo valor hacia tu madre y hacia mí. Así es como me estoy sintiendo". Dice, "¿Piensas eso?" Dije, "Así es como me siento. Así es como se siente uno cuando lo tratan así". "No tenía ni idea de que pensases eso". "Así es como me siento". "Lo siento. Mamá y tú sois las personas más importantes de mi vida. No quiero que jamás vuelvas a sentirte así, lo siento. No volverá a ocurrir". Dije, "Bien, muy bien. Eso es lo que necesitaba, Tay. Gracias. ¿Quieres que te devuelva las llaves y el teléfono?" "Esto, ¡sí!"

¿Por qué le devolvieron las llaves y el teléfono a Taylor? ¿Qué hacía falta?

¿Cuándo se dio cuenta Danny de que era un buen momento para hablar con Taylor?

¿Cuál es la moraleja de esta historia? ¿Qué has sacado de ella que puedas utilizar?

INGREDIENTES CLAVE PARA SER UN PADRE DE ÉXITO

1. **CONEXIÓN: de corazón a corazón**
2. **DAR PODER: "¿Qué vas a hacer?"**
3. **LUGAR SEGURO: "Puedo soportar tus errores"**
4. **AMOR INCONDICIONAL: "Nada puede separarte de mi amor"**

CONFIANZA/INFLUENCIA DE UN PADRE

- Es mi trabajo como padre crear un lugar seguro en el que mi adolescente puede equivocarse.
- Tengo que asegurarme de que mi amor permanece encendido aunque me sienta dolido, asustado o invalidado.
- Como padre, ya eres vulnerable con tus hijos, y pretender que no es así es una ilusión.
- Cuanto antes reconozcas que eres vulnerable ante tus hijos, antes verás el verdadero valor que tienen para ti.
- No hay garantía de cómo te tratarán. Todo lo que puedes hacer es enfatizar las cosas correctas e intentar preparar a toda tu familia para el éxito.

"Después de un largo día de desafíos, ríete en voz alta y durante mucho rato".

~Sheri

PREGUNTAS Y RESPUESTAS PARA ADOLESCENTES

Estas preguntas fueron proporcionadas por nuestra audiencia durante el rodaje de esta serie.

P: ¿Cómo puedo crear una conexión de corazón cuando hay una desconexión?

R: *Vuelve a los lenguajes del amor y a la sesión de conexiones de corazón a corazón. Quieres asegurarte de que los mensajes de "te quiero mucho" estén siendo emitidos. Cambia la meta de la distancia a la conexión y utiliza estos mensajes de amor para reducir la ansiedad mientras arreglas los problemas. Cuando la ansiedad desciende en la relación, la dinámica cambia. Arregla el lío montado y hazle saber qué te está pasando.*

P: ¿Cómo empiezo a implementar estas herramientas? ¿Se lo digo a los niños o no?

R: *Haz lo que creas que debes hacer. Danny empezó a implementar algunas de las nuevas herramientas que estaba consiguiendo. En lo que a mí respecta (Sheri), necesitaba decir, "Voy a cambiar algunas cosas que he estado haciendo y voy a hacer algunas cosas de forma diferente", pero necesitaba tiempo para cambiar. Haz lo que más te convenga.*

> *"Que los abuelos utilicen las mismas herramientas que tú estás aprendiendo".*
>
> ~Sheri

P: ¿Cuál es la edad apropiada para que empiecen a salir con personas del sexo opuesto y qué piensas sobre las citas?

R: *Diferentes muchachos pueden soportar diferentes niveles de libertad. Me tengo que sentir como si fuese un genio para decir "sí" a tu propuesta o idea. El quid de la cuestión. Que ellos sean los responsables. Quieres que gestionen su responsabilidad y libertad.*

Ejemplo

Padre: *Ya sabes, es una muchacha bonita. Me encanta. Así que, sí, puedes salir con ella en el momento en el que yo me sienta como un genio, pero ahora mismo estoy asustado. Estoy asustado de que no vayas a poder manejar las oportunidades que vas a tener al estar a solas con una muchacha.*

Adolescente: *¿Es eso un "no"?*

Padre: *Ha sido un "sí". Sí que puedes si me siento como si fuese un genio.*

Adolescente: *Si te hago sentir como un genio, ¿puedo salir con ella?*

Padre: *Sí.*

Cada padre tiene diferentes requisitos. Es por esto por lo que tus hijos dirán, "Bueno, los padres de los otros muchachos les dejan". Eso es porque tienen otras dinámicas, pero tú eres el padre de este hijo. Tú tienes que vivir con las consecuencias de tu permiso. Tú controlas tu permiso. Tú tienes que sentirte como un genio.

P: ¿Qué haces con la rebelión?

R: *La rebelión, en líneas generales, es una conexión rota. Debes recuperar eso antes de que puedas tener ninguna esperanza de que cambien su comportamiento para proteger tu corazón. Tantos padres tienen una relación de adversarios con sus hijos porque no entienden que han sembrado años de falta de respeto en la relación haciendo las veces de "camión amarillo" con ellos. Piensan que es normal que tengan permiso para tratar a sus hijos como si no fuesen humanos. Es como decir, "Puedo pensar por ellos, solucionar sus problemas, controlar sus mentes y establecer las reglas. Tengo todo el control y ellos no tienen ninguno"*

- En líneas generales, la rebelión es una relación rota y rehúsan permitirte gobernarlos.
- Arregla tus estropicios, invierte en la conexión, sé vulnerable y observa lo que ocurre.
- Con hijos que están fuera de control, tal vez tengas que establecer límites. Solo puedes gobernar la esfera de autoridad en tu casa.
- Cuando tu hijo vive ahí fuera, es posible que necesites reclutar la autoridad que puede gobernar ahí fuera. Es una de las cosas más amables que puedes hacer por tus hijos.
- ¿Quieres controlarte o quieres mi ayuda?

Debate estas cuestiones junto con la clase o en grupos pequeños.

1. ¿Dirías que eres vulnerable con tus adolescentes y que siembras en ellos tu corazón o no? Explícate.
2. ¿Cuáles son algunas de las maneras en las que puedes mostrar a tu hijo que te mueven las conexiones de corazón a corazón?
3. ¿Tienes una relación lo suficientemente fuerte con tu adolescente como para pensar que van a venir a ti para hablar de asuntos como las drogas, el sexo o otros temas en los que sienten la presión del grupo de amigos? Si has hablado con ellos sobre estos temas, ¿cómo te fue?

Emplea algo de tiempo esta semana para responder a las siguientes preguntas y aplica los conceptos que has aprendido en esta sesión.

1. Emplea tiempo esta semana para hacer algo con tu adolescente para aprender más sobre ellos y lo que piensan y sienten. Escribe lo que aprendas.
2. Conoce las áreas de lucha de los adolescentes, toma tiempo y comparte experiencias de tu vida esta semana.
3. ¿Saben tus adolescentes que tienen un lugar seguro en el que equivocarse? ¿Cómo estás creándolo para ellos?

sesión

nueve

Preguntas y Respuestas

sesión

nueve

PREGUNTAS Y RESPUESTAS

Con Danny, Sheri, Britt y Ben

Nuestra audiencia hizo estas preguntas durante el rodaje de esta serie.

ASUNTOS DEL TEMA

- **Entender Opciones**
- **Reconciliación Familiar**
- **Esta Nueva Manera de Ser Padres**
- **Control y Opciones**
- **Presión de Tiempo/Restricciones**
- **Restricción Física**
- **Rivalidad entre Hermanos**

Pregunta 1: ¿Cómo preparas a tus hijos para las situaciones de la vida en las que en realidad no tienen opciones... como cuando su maestro quiere que hagan ciertas cosas o sus jefes cuando empiecen a trabajar y situaciones similares?

DANNY: Tienen opciones. Tienen una opción cuando alguien les ladra una orden. Quiero que mi hijo entienda que cuando responden a una persona que está en autoridad que tiene menos margen que el padre, siguen teniendo opciones. No tienen por qué obedecer un mandato sin más. Cada situación es una opción. Las opciones se ofrecen cuando estás sintiendo resistencia o una lucha de poder. Están experimentando órdenes. Una situación con maestros seguramente es la más común.

BEN: Un ejemplo que tengo de esto me llegó cuando estaba trabajando en una empresa maderera de la localidad. La forma más común de comunicarse era por medio de gritos y voces si las cosas salían mal. Un hombre en particular (al que llamaremos Joe) gritaba y se enfada conmigo cada vez que me equivocaba. Después de unos meses de esto, fui a Danny para que me ayudase a saber qué hacer. La próxima vez que "Joe" me gritó, estaba armado con el consejo de Danny. Le miré con calma y dije, "Me encantaría hablar contigo en el momento en el que dejes de gritar porque los oídos se me cierran cuando me gritan". Esto mismo lo repetí unas cuantas veces y solo necesité un día para cambiar la forma en la que se estaba comunicando conmigo. En una semana, las cosas habían cambiado de una forma tan drástica que decía cosas como, "Quiero que Ben esté cerca de mí porque me ayuda a mantener la calma". El haber establecido un límite claro le ayudó a darse cuenta de lo que yo necesitaba que, a su vez, hizo que nuestra conexión fuese más fuerte. Tenemos una opción en cada relación.

Pregunta 2: ¿Cuáles son las claves y estrategias, como hijo, para reconciliarte con tu familia?

DANNY: Creo que esto vuelve a lo de mantener tu amor encendido. Después de 44 años en los que mi padre nos había abandonado a mi hermano y familia, hay suficiente tiempo para crear una razón para mantener la distancia. Esta persona no se merece tener una relación conmigo, pero yo no vivo de esa forma. No vivo así con nadie. Tengo el botón del amor encendido y hago lo posible para mantenerlo así.

Ese es el primer paso: yo gestiono mi amor… ¡siempre! Así que cuando me viene una situación de reconciliación, él podría haber encontrado un corazón crítico, acusador, defensivo y que busca mantener las distancias. En vez de eso, se encontró con un corazón que practica mantener el amor encendido y mantener la conexión como meta de mi relación. Cuando quiso volver a conectarse, estaba listo para que así fuese.

Es tentador querer profundizar en el estercolero y que la otra persona solucione todos los frentes que tiene abiertos. Puedes hacer eso, pero seguramente es innecesario porque de lo que estamos hablando en realidad es de la relación de este punto en adelante. Mi meta es la conexión, porque sin la conexión lo que quiero es justicia. En la conexión pienso, "Quiero proteger esto".

SHERI: ¿Tiene alguien facturas? ¿Hay intentado alguien ahorrar dinero? He aprendido que es muy difícil invertir en el futuro cuando estás intentando pagar lo del pasado. Creo que parte de la reconciliación familiar para nosotros en este momento es que aunque esa deuda está ahí, no voy a obligarte a pagarla. Estoy intentando invertir en nuestro futuro. No creo que sepas cómo tener una relación. Ni creo saber qué hacer, así que, aunque me hayan hecho daño tantas veces mis padres o quién sea, he aprendido que puedo reducir mis expectativas sobre ti de tal forma que no esté constantemente enfadada contigo. Si espero que vayas a darme algo que eres incapaz de darme, voy a desilusionarme a cada paso el camino. Por lo tanto, reduzco lo que requiero de ti y me comprometo donde eres capaz de comprometerte conmigo.

DANNY: Al hacer esto, estás estableciendo un límite, lo que significa que cada límite tiene diferentes niveles de intimidad. Con cada aumento del nivel de intimidad, se requiere más de la relación. Cuando la gente está muy cerca de mí, espero más de la relación. Pero en una relación reconciliada, no te impongo estos requisitos. Puedes funcionar hasta cierto punto y eso es todo lo que se requiere de ti. Si quieres acercarte más, vas a darte más y más cuenta de quién soy y lo que espero de una relación saludable. Acercarse a mí requiere que nuestra relación sea cada vez más saludable.

Pregunta 3: ¿Cómo te conduces en esta nueva forma de ser padres como pareja? ¿Cómo caminas con el otro cuando fracasas y cómo confrontas al otro? ¿Cómo proteges la conexión en nuestro matrimonio mientras intentas proteger la relación con tus hijos?

SHERI: Cuando Danny empezó a traer estas nuevas herramientas a casa, yo no entendía la enseñanza que tenía. No teníamos la confianza el uno en el otro, por lo que fue bastante difícil durante un tiempo. Había ocasiones en las que él decía, "Entraré en esta conversación cuando bajes el tono de tu voz y me hables". Eso me encantaba (ja, ja). Necesitaba ayuda y él estaba usando herramientas que yo no tenía. De verdad que quería tener una relación saludable, por lo que utilizaba mi determinación para construir conexión en vez de para protegerme.

Debemos tener confianza y libertad y eso requiere que nos demos espacio mutuamente. Ha habido ocasiones en las que Brittney ha dicho, "Oye, mamá, no estás siendo divertida. Sea lo que sea que está pasando entre papá y tú, necesitas arreglarlo". También me ha dicho mi hijo adolescente, "No sé lo que ha pasado hoy en el trabajo, pero no estás siendo divertida". Yo respondía, "Bien, me voy a mi habitación hasta que sea divertida". Algunos padres pueden pensar que eso es ser irrespetuoso, pero en realidad les estoy enseñando a que se comuniquen conmigo y los quiero lo suficiente para permitirles hacerlo. Obviamente, cuando empiezas a hacer esto, estás un poco reticente y a la defensiva, pero date un respiro.

DANNY: Sí te ayuda comunicarle a tu cónyuge, "Mi meta contigo es mantenerme conectado. No estoy intentando desconectarme. ¿Podemos seguir conectados mientras solucionamos esto? ¿Qué necesitas de mí? ¿He metido la pata? ¿Tengo que arreglar algo?" La meta es mantener la comunicación abierta y exponer que nuestra meta es la conexión mientras solucionamos esto. Vas a aprender muchas buenas destrezas en ese proceso que puedes utilizar con tus hijos.

Pregunta 4: ¿Cómo evitas caer en el afán controlador cuando tienes un preescolar, en particular, que normalmente no escoge la opción que le ofreces por lo que terminas decidiendo por él? ¿Cómo es esto no manipulador?

Si tienes que mantenerlos en la silla todo el tiempo, entonces lo que estás haciendo no está funcionando. Deben entender que cuando ofreces dos opciones, son opciones de verdad, no una buena y otra que no es realista. Vas a ofrecer dos opciones que te hacen increíblemente feliz. (Así las denomina Love and Logic®). "¿Quieres sostenerte tú solo aquí o quieres que yo te sostenga?" Controlar es cuando dices, "Te voy a enseñar una lección. Te mantendré en esta silla todo el tiempo que yo quiera". Eso es abusivo y estás violando su control. Quieres que mantengan sus auto-control. Tengo un hijo adulto que vive en mi casa ahora mismo, uno de nuestros acuerdos cuando se volvió a mudar con nosotros era que le ayudaría a que se controlase, en algunos de los acuerdos que hemos hecho, para que pudiese llegar a su meta. La palabra "control" no es una palabra que estoy intentando extractar de este proceso. No estoy intentando violar la relación para nada porque estoy intentando protegerla. Si violas la relación, la rompes.

Pregunta 5: ¿Qué podemos hacer cuando no tenemos tiempo y no podemos ofrecer opciones?

BRITTNEY: Para nosotros, con Delani... ella no es siempre divertida cuando tenemos que ir a la escuela. Por la razón que sea... ver los dibujos, los zapatos no están puestos, no está lista para salir, etc., ofrezco a mi hija de tres años tantas opciones como me sea posible:

¿Quieres ir a la escuela con zapatos o descalza?

¿Quieres comer en la escuela o prefieres no comer?

¿Quieres ir a la escuela en pijama o con tu ropa de salir?

¿Quieres ponerte los zapatos ahora o después de desayunar?

¿Quieres ponerte los zapatos o llevarlos en la mano?

¿Quieres ponerte la mochila o prefieres que la lleve yo?

¿Quieres meterte solita en el automóvil o prefieres que te ayude?

Dar muchas opciones ayuda a evitar las luchas de poder, especialmente cuando vamos a llegar tarde, aún en medio de una situación que no es divertida. Les ayuda a sentirse aliviados cuando una persona mayor no está intentando controlarlos.

DANNY: Pide ayuda a la escuela. Ponles al día. Por ejemplo, "Voy a llevar a Missy dando patadas y gritando sin los zapatos. Están en la bolsa. No tiene la ropa puesta y está en la bolsa". La maestra puede decir, "Podrá entrar cuando se vista". La maestra se tiene que sentir poderosa. No puedes decir, "Toma". Eso no va a funcionar. Si hay una opción, que un adulto al otro extremo con autoridad pueda establecer límites y ayudar con las consecuencias.

SHERI: Recuerdo una vez cuando era pequeña y me estaba vistiendo. No me gustaba la blusa que mi madre había escogido y no podía pelear conmigo. Tenía que irse al trabajo y todas esas cosas, por lo que terminé en casa de mi tía. Sin televisión. Sin nada. Estuve aburrida todo el día. Al día siguiente, mi madre me dijo que me pusiese esa blusa y me la puse de inmediato. "¿Recuerdas el otro día cuando no...?" Normalmente solo tienes que hacer las cosas una vez y se acordarán.

DANNY: No temas las consecuencias ni intentes evitarlas, pensando, "Oh, si pasase eso sería terrible. La gente pensaría que soy horrible. Ella se sentiría muy mal". No, ¡dale la bienvenida!

Pregunta 6: Mi hijo tiene tres años. ¿Qué haces cuando termina en su habitación o en una silla y lo tienes que sostener físicamente y puede terminar haciéndose o haciéndote daño? Tiene bastante genio y es fuerte.

DANNY: Si fuese a destruir todo lo que hay en su habitación, yo le colocaría en algún otro lugar en el que causase menos daños. Ahora solo tiene tres años, pero va a hacerse mayor. Si no puedes mantenerlo en algún lugar ahora en el que se pueda quedar en la silla o no, va a volverse bastante más complicado más adelante. Tienes que ganar esta batalla con el niño de tres años.

Si vas a sostenerlo desde detrás, hazlo. Puedes decir, "Te puedes sentar en esta silla mientras yo te sostengo o sin que te sostenga". Este no es un momento para estrechar vínculos. Mientras se zarandean, tú lo sujetas y no le hablas. Eres un cinturón de seguridad que lo sujeta. El cinturón de seguridad no habla.

Pregunta 7: ¿Qué haces cuando los niños pelean entre ellos? Tenemos tres chicos con menos de 5 años y lo que oímos sin parar durante todo el día es, "¡Este es mi coche!"

DANNY: En cuanto te sea posible, puedes presentarles la herramienta de tiempo por molestar (Love and Logic ®). Necesitan cosas que les ayuden a sentir el peso y las consecuencias de la forma en la que se están tratando. Te deben tiempo sentados en una silla o haciendo algo para ti (dependiendo de su edad) a cambio del tiempo que te molestaron.

Cuando dicen, "Ese es mi camión", o "Me has tocado".
Puedo decir, "¿Estás seguro de que me quieres molestar con esto?"
"No, vamos a ser buenos. Vamos a ser buenos".
"¿Estás seguro? Porque ahora mismo me siento muy molestada".

También puedes añadir un pequeño motivador, "Puedes cenar en el momento que termines de hacer tu tiempo por molestar". Quieres que sientan el peso de la situación de la manera más natural posible.

BRITTNEY: Empecé a utilizar diversión o habitación con Delani cuando tenía 10 meses. Puedes usar ese concepto mientras es más pequeño cuando no puedas utilizar tiempo por molestar todavía. La mayoría de la gente piensa que no puedes usar eso con niños menores de dos años, pero nosotros empezamos con Delani cuando tenía 10 meses. Se señalaba la cara, hacía un gruñido de gorila y luego sonreía. Para animarte a usarlo, puedes presentar diversión o habitación con un bebé y ver parte de los mismos resultados que con tiempo por molestar de los más mayores.

DANNY: El lenguaje receptivo de cada niño se desarrolla más rápidamente que su lenguaje expresivo. Que su incapacidad de decir palabras no te engañe. ¿Quieres un caramelo? Eso lo entienden. Puedes presentar esto mucho antes de lo que piensas.

Recursos

Amando a Propósito
Ministerio de Danny & Sheri Silk
Material de apoyo disponible en www.LovingOnPurpose.com

Recursos disponibles de Amando a Propósito en:
www.LovingOnPurpose.com, www.ibethel.org, www.amazon.com

Amando a Nuestros Hijos a Propósito
Libro de Danny Silk (Destiny Publishing, 2008)

Amando a Nuestros Hijos a Propósito
Serie para padres en DVD/CD de Danny Silk

The Chicken Coop Kid
A Silk Family Story (copyright 2010)

Shorts in the Snow
A Silk Family Story (copyright 2011)

One of Those Days
A Silk Family Story (copyright 2012)

Referencias

The Heart of the Five Love Languages
by Gary Chapman (Northfield Publishing, 2008)

Love and Logic®
Parenting with Love and Logic by Foster Cline and Jim Fay

Support materials also available from Love and Logic® at:
www.loveandlogic.com

Las siguientes frases son originales de Love and Logic®

Frases cortas:

"Lo sé" "Probablemente" "Podría ser" "No lo sé"

"Buen intento" "Oh, no" "No hay problema"

"¿Qué vas a hacer?" "¿Cómo te va a funcionar eso?"

Herramientas:
"Diversión o Habitación" "Tiempo por molestar"

Printed in Dunstable, United Kingdom

87855993R00078

¡Una nueva perspectiva a la hora de ser padre!

La familia es el vehículo para el renacimiento generacional. *Amar a Nuestros Hijos a Propósito* trae una perspectiva fresca al hecho de ser padres. Incorpora los principios del Reino de Dios y del avivamiento en la estrategia a utilizar como padres.

Amar a Nuestros Hijos a Propósito aportará herramientas para:

- Protejer su conexión con sus hijos
- Enseñar a sus hijos a manejar niveles crecientes de libertad
- Sustituir las herramientas de intimidación y control
- Crear un lugar seguro para que los niños desarrollen la confianza y la responsabilidad personal

Esta serie también incluye preguntas específicas para cada edad y respuestas sabias que le ayudarán con su hijo hasta que llegue a la edad adulta. Encontrará una mezcla de historias, enseñanzas y humor al contar Danny sus historias familiares personales, así como las numerosas experiencias que ha tenido al ayudar a otras familias.

Únase a la reforma que está transformando una generación para ¡amar a sus hijos a propósito!

Se recomienda utilizar la serie en dvd o cd de Amar a Nuestros Hijos a Propósito en conjunción con este libro

Danny y Sheri Silk son parte del equipo de Dirección en la Iglesia Bethel en Redding, California, donde también sirven como profesores invitados en la Escuela de Bethel de Ministerio Sobrenatural. Danny es un comunicador extraordinario con una gran visión y es conocido por su estilo práctico y lleno de humor a la hora de enseñar. Sheri es la Gerente General de Advance Redding Inc. Este servicio público, sin fines de lucro, está colaborando con la ciudad de Redding para gestionar el centro de eventos - Redding Auditorio Cívico. Juntos, Danny y Sheri supervisan su propio ministerio, Amar a Propósito. Para obtener más información acerca de su ministerio, por favor visite: http://www.lovingonpurpose.com.

Brittney Serpell, la hija de Danny y Sheri, es la directora del proyecto Amar a Propósito. Ella es una educadora de padres certificada por el Instituto de Amor y Lógica. Ben Serpell es pastor asociado de jóvenes de Bethel. Brittney y Ben tienen tres hermosos hijos. Danny, Sheri, Brittney y Ben tienen la pasión de impartir principios a los padres, esas habilidades prácticas y técnicas para levantar una generación de familias y relaciones sanas.

LovingOnPurpose.com

Danny Silk - Bethel Church - 933 College View Drive - Redding, CA 96003 - (530) 246-6000 - www.iBethel.org

ISBN 9780988898400

90000 >

9 780988 898400

Bir Bitki Olarak Hayatım

American Society of
Plant Biologists

www.aspb.org

Plantae